"明理教育"的思与行

林文智 李娇娇 王林发 著

河南大学出版社
·郑州·

图书在版编目（CIP）数据

"明理教育"的思与行 / 林文智，李娇娇，王林发著 . -- 郑州：河南大学出版社，2024. 7. -- ISBN 978-7-5649-5980-7

Ⅰ．G40-03

中国国家版本馆CIP数据核字第2024BR0107号

责任编辑　赵海霞
责任校对　马　静
封面设计　马　龙

出版发行	河南大学出版社
	地址：郑州市郑东新区商务外环中华大厦2401号
	电话：0371-86059701（营销部）
	网址：hupress.henu.edu.cn　　邮　编：450046
排　　版	河南大学出版社设计排版部
印　　刷	广东虎彩云印刷有限公司
版　　次	2024年7月第1版　　印　次　2024年7月第1次印刷
开　　本	787 mm×1092 mm　1/16　　印　张　13
字　　数	199千字　　定　价　46.00元

（本书如有印装质量问题，请与河南大学出版社联系调换。）

序　言

在教育的浩瀚星空中，每一所学校都犹如一颗璀璨的星辰，它们以各自独特的光芒，照亮着孩子们的成长之路，引领着他们走向更加美好的未来。湛江经济技术开发区第四小学，作为一颗新近升起的星辰，自2021年9月开办以来，便承载着教育创新与品牌塑造的重任，在这片教育的沃土上播种希望，收获梦想。

明理教育，是湛江经开区四小对新时代教育要求的深刻理解和积极回应。在全球化与信息化的时代背景下，教育不再仅仅局限于知识的传授，而是更加注重价值观的塑造、能力的培养以及个性的发展。我们深知，教育的最终目的在于培养具有家国情怀、国际视野、博学高雅、坚毅聪慧的未来公民。因此，在深入调研与反复思考的基础上，我们提出了明理教育理念，旨在通过明德理、明学理、明事理三大板块，构建一个全面、立体、富有成效的教育体系，为孩子们的成长提供坚实的支撑。

在本书的撰写过程中，我们广泛搜集资料，深入剖析明理教育的形成背景与理论基础。从国际视野下的教育改革趋势，到国家政策的引导与支持；从区域历史的积淀与传承，到学校自身的定位与发展，我们全方位地探讨了明理教育产生的土壤与条件。同时，我们也对明理教育的内涵与具体表述进行了深入的阐述，力求为读者提供一个清晰、系统且易于理解的理论框架。

在湛江经开区四小的实践中，我们始终将明理教育贯穿于学校的各项工作之中。从德育工作到教学与教导工作，再到德育与教学相结合的工作，我们始终坚持以明理教育为指导，不断创新教育方法与手段。在课程文化建设方面，我们明确了明理教育的课程理念、课程目标、课程内容体系、课程实施以及课程评价方式，为孩子们提供了一个丰富多彩、充满挑战的学习环境。同时，我们还注重家校合作，通过家长会、家访等形式，加强与家长的沟通与联系，共同推动明理教育的深入实施。

在明理教育的引领下，湛江经开区四小实现了跨越式发展。孩子们在各种实践活动中锻炼能力，培养兴趣爱好；教师们在前行中收获，在不断探索与实践中提升自己的教学水平，实现自己的职业价值；家长们在携手中进步，他们与学校紧密合作，共同为孩子们的成长创造更加有利的条件。这一切的变化，都让我们深感欣慰与自豪。

《"明理教育"的思与行》这本书，是我们对明理教育实践与探索的阶段性总结。它记录了我们的思考、行动与收获，也为我们未来的发展提供了宝贵的经验与启示。我们期待，通过这本书的出版，能够引发更多教育工作者对明理教育的关注与思考，共同推动教育的创新与发展。同时，我们也希望这本书能够成为一面镜子，使每位读者都能够从中看到自己的影子，反思自己的教育实践，从而不断提升自己的教育素养。

最后，衷心感谢所有为明理教育的实施与本书的撰写付出辛勤努力的同事们、家长们以及社会各界的朋友们。正是有了你们的支持与参与，明理教育才能在湛江经开区四小这片沃土上生根发芽、茁壮成长。让我们携手共进，为培养更多优秀的未来公民而努力奋斗！

目　　录

第一章　明理教育的形成..1

　　第一节　明理教育形成的国际视野..1

　　第二节　明理教育形成的国家政策..2

　　第三节　明理教育形成的区域历史..2

　　第四节　明理教育形成的学校定位..3

第二章　明理教育的理论基础..5

　　第一节　明理教育的内涵..5

　　第二节　明理教育的具体表述..7

第三章　湛江经开区四小的明理教育办学理念体系......................10

　　第一节　办学宗旨：家国情怀，国际视野................................10

　　第二节　办学理念：明理教育，厚泽人生................................11

　　第三节　办学目标：学生成才，教师成功................................11

　　第四节　育人目标：博学高雅，坚毅聪慧................................12

　　第五节　一训三风..14

第四章　明理教育的三大内容板块..18

　　第一节　明德理——明理教育指导下的德育工作....................18

　　第二节　明学理——明理教育指导下的教学与教导工作........43

第三节 明事理
——明理教育指导下德育与教学相结合的工作 ……… 66

第五章 明理教育的课程文化建设 …………………………………… 98
 第一节 明理教育的课程理念 ……………………………… 98
 第二节 明理教育的课程目标 ……………………………… 99
 第三节 明理教育的课程内容体系 ………………………… 100
 第四节 明理教育的课程实施 ……………………………… 105
 第五节 明理教育的课程评价 ……………………………… 115

第六章 明理教育模型与教学模式 …………………………………… 117
 第一节 明理教育模型 ……………………………………… 117
 第二节 明理教育的教学模式 ……………………………… 133

第七章 明理教育的实施成效 ………………………………………… 164
 第一节 明理少年——在活动中成长 ……………………… 164
 第二节 明理教师——在前行中收获 ……………………… 172
 第三节 明理家长——在携手中进步 ……………………… 189

第一章　明理教育的形成

第一节　明理教育形成的国际视野

联合国教科文组织早在20世纪70年代出版的《学会生存：教育世界的今天和明天》一书中就提出了教育的四个支柱，即学会求知、学会做事、学会共处、学会发展。

学会求知的能力（Learning to know），也就是学会学习的能力。要掌握认识世界的工具，要学会最迅速、最有效地获取信息、处理信息和运用信息的能力，要学会广博与专精相结合，由博返约的学习方法。这是终身教育的根本。

学会做事的能力（Learning to do），也就是要学会在一定环境中工作的能力。要善于应对各种可能出现的情况。学会做事的能力，不仅要学会实际动手操作的技能，更重要的是要具备一种综合能力，它包括如何处理人际关系的能力，社会行为、集体合作的态度，主观能动性，管理能力和解决矛盾的能力以及敢于承担风险的精神。

学会共处的能力（Learning to live together），也就是在人类活动中，要学会与他人一起参与。现代社会既充满竞争，也离不开合作。要学会在合作中竞争，在竞争中合作。既要尊重多样化的现实，又要尊重价值观的平等，增进相互了解、理解和谅解，加强对相互依存关系的认识。

学会发展的能力（Learning to be），也就是学会生存、学会做人的能力。

要学会适应环境以求生存，改造环境以求发展的能力。每个人若要求得有价值的生存和发展，更有效地改造自然、改造社会，就必须充分开发潜能，发展个性，提高素质，增强自主性、能动性、创造性和责任感。

第二节　明理教育形成的国家政策

中华民族有着悠久的历史文化，其文化博大精深，源远流长，中华5000年的文明史，事实上就是一个不断吸收、融合、进化与变革的历史。中国伟大的改革开放，正是这一中华民族优良传统的再一次展现。湛江市作为广东省的沿海城市之一，也得以在这次改革开放的浪潮中绽放光彩。湛江开发区作为中国改革开放的沿海城市的重心之一，最早是1984年作为中国的14个国家级开发区之一，担负着振兴中华民族，强国富民的重要使命。在1983年邓小平就提出了教育要"三个面向"：教育要面向现代化、面向世界、面向未来，作为改革开放的教育总的指导方针，为中国教育的发展指明了方向。

党的十八大确定教育方针："坚持教育为社会主义现代化建设服务、为人民服务，把立德树人作为教育的根本任务，培养德智体美全面发展的社会主义建设者和接班人。"2016年9月，国家公布的中国学生核心素养，是我们办好经开区基础教育的出发点和归宿。

第三节　明理教育形成的区域历史

湛江有着悠久的历史。湛江昔日号称"广州湾"，今日有"湛蓝之滨"的美称。在湛江经开区，既有历史悠久的书院文化，又有海洋文明，还有光荣的红色文化，这就形成了经开区强大的生命活力与不竭的精神源泉。

海洋与大陆在文明发展史上，有着不同的功能与使命。大陆代表坚实永恒，海洋代表着开放与包容。中华传统文化包罗万象，既有大陆文明，也有海洋文明，还有河川文明；既有传统农耕时代的特征，又有工商业文明的气质，显示了其恢宏的包容性。在人类古老的历史上，华夏文明是最少因宗教而发起战争的文明，这也是中华文明具有强大生命力的表现。

"海纳百川，有容乃大"，海洋文明随着现代科技信息时代的到来显得越来越重要。海洋特性中的开放、包容、变革、创新的特点，越来越成为世界文明的主流。随着高科技信息化的到来，地球越来越变成了真正的地球村。在这个地球村里，每个人都与他人息息相关，不同种族，不同文化背景，不同价值观的人，怎样和平共处，共同寻找人类的幸福生活显得越来越重要。这对教育也提出了相应的要求，也就是培养出面对未来世界的学生，必须具有强大的学习意愿、学习能力与创新能力。教育，特别是基础教育中的小学教育，担负着为未来培养合格公民的重大使命，也为学生的一生幸福奠定基础。

在国家的核心素养要求中，提出需要人文底蕴，科学精神与社会参与，而且提出了"国际理解"这一战略性发展策略。事实上当今世界的本质就是开放，没有人能够在封闭中发展好自己。

第四节　明理教育形成的学校定位

湛江经济技术开发区第四小学于2020年3月动工建设，2021年9月开学。学校地处建成区城市假日B区明理路，占地面积17.5亩，建筑面积13435.60平方米，项目投资3000多万元。学校地处成熟的生活小区，生源充足，家长素质较高，适合办优质学校、品牌学校。

最初教育局根据"明理路"给学校起名为"湛江经济技术开发区明理小学"，多年后动工建校又更名为"湛江经济技术开发区第十四小学"，学校建成后正式命名为"湛江经济技术开发区第四小学"。

学校之所以确立"明理教育"这一理念，是基于学校的地理位置、原校名和立德树人根本任务提出的。

实施"明理教育",让教师以文化人、以德育人,引导学生做到明大德、守公德、严私德,做"明理儿童"。"德"是一个人成长的必备品格,"才"是一个人应具备的关键能力。读书明理、行动践理,学校将采取诸多有效措施实施明理教育,让"理"的种子在学生的心中生根、发芽,让"理"陪伴学生健康成长。学校通过"明理教育",实现育德健体又育才的目标。

第二章 明理教育的理论基础

第一节 明理教育的内涵

"明理"有明显的道理、说明道理、明察事理、懂道理等意思；指有文化，懂礼仪；形容有教养。明理也指明辨是非，多用于知书达理的总结，学会做人的道理。人在未明理时，须培养"力行"，学文之后明理，须"笃行"，以行证自己明理。"力行"，是具体而有目标的，它涵盖了道德实践的指引，个人修养的提升，心态的调整，以及良好行为习惯的养成。当代的教育，偏重于教知，教人知道（道理、道德）和知识，不懂教人明白，这里的区别很大。"明"是"笃行"的前提，没有真正明白前因后果的事，很少有人会"笃行"。而"笃行"，是"博学、审问、慎思、明辨"的最终体现，没有"笃行"，前面的努力便如同空中楼阁，失去了实际意义。

"明理修德、敏知笃行"讲的就是：要广泛地多方面学习，详细地问，慎重地思考，明确地分辨，踏踏实实地行。读书的目的不是一定要出人头地，而是做到最基本的明理，辨别是非。故明理就是让人达到一种通达慧明，明晓事理的境界。

学校德育的"明理"根植于中华优秀文化，依据立德树人根本任务，指向：习惯、素养、素质、品质、气质、涵养、精神等。学科教学活动中的"明理"是指教师要让学生懂得、明白和学会学科知识的逻辑、规律、事理、条理、道理、理由、理论、方法、策略等。

我校"明理教育",遵循儿童小学六年身心发展规律,围绕"明德理－明学理－明事理"的目标,通过"读书悟理、课程习理、课堂辨理、行动践理(体验)"的培育途径来实现"明理启智－敏学笃行－弘毅致远",体现了"明理教育"的方向性、动态性、过程性、结果性和教育性。

"明理教育"聚焦立德树人,学校以"家国情怀·国际视野"为办学宗旨;坚持"明理教育,厚泽人生"的办学理念;以"学生成才,教师成功"为办学目标;以"博学高雅,坚毅聪慧"为育人目标;以"明理笃行,弘毅致远"为校训;以"博学雅行,求真向上"为校风;以"专注坚毅,明理善思"为学风;以"灵动开放,共情启慧为教风";努力打造"敬业上进,共情博爱"的精神。

学校坚持"以优质的教育为学生终身发展奠基"的教育理念,以"内强素质,外塑形象,细化管理,提高质量"为指导,以"三个基本建设"(教育设施建设、教育制度建设和教育思想建设)为切入点打造"文化自觉"。以"理(礼)"为核心,打造一支德艺双馨、博学高雅的一流教师队伍。

学校以"全面发展打基础,培养特长育人才"的办学特色与亮点,构建基础课程、拓展课程和综合实践课程"三位一体"的课程体系,强基础,重创新。在这个基础上构建开放的大课程群,按照"人人有才艺,个个有特长,班班有特色"的办学要求,抓实艺体教学,加强社团建设,上好每一节艺术课和体育课,彰显健康生活校园、博爱感恩校园、经典书香校园、智慧创新校园,促进儿童生命力、学习力、道德力、交往力和创新力的"五力"发展。从而引导儿童将个人的命运与祖国、人民的命运紧密相连,实现个人价值与社会、国家价值的有机统一,培养有理想、有本领、有担当的时代新人。

"明理教育"的独特价值在于,把握小学教育立德树人的根本规律;提供儿童个性成长与国家发展相统一的教育路径;寻找传承中华优秀传统文化的学校理论与实践样本;努力拓宽学校教育传承传统与面向未来的育人视野。

第二节 明理教育的具体表述

坚持社会主义办学方向，旗帜鲜明地培育社会主义核心价值观，扣好人生的第一粒扣子。通过理论构建、目标细化、课程优化、课堂改造、系统评价、机制创新等，建构并实践明理教育系统育人模式，落实立德树人根本任务。

小学阶段是孩子从懵懂走向成熟的关键时期，许多好习惯的培养，思维的发展，正确世界观的形成都是从这个阶段开始的，因此小学教育对孩子来说是至关重要的。那么作为教育主阵地的学校，该如何构建立德树人模式以更好地培养学生呢？

一、明理的教育思想观念

在实施明理教育的过程中，学校要加强以下三个方面的工作：一是构建有利于学生全面发展的"明理课程"；二是打造有利于师生成长的"明理课堂"；三是开展走进学生心灵的"明理行动"；四是探索促进师生发展的"明理评价"。其中，"明理课程"，即有效整合国家课程，补充拓展型校本课程，开发探究型活动课程；"明理课堂"，即打造"进阶教学"的课堂；"明理行动"，即推进"我是明理少年""明理少年在行动"；"明理评价"，即通过"明理目标小达人""十大卓越、百位榜样、千名专项"等一系列评选活动，不断挖掘学生自身潜能，激励自我成为他人的榜样，让明理教育处处开花。

二、明理教育的实现途径

（一）"读书悟理"——夯实"明理"之基

所谓"读书悟理"，就是让学生通过读书把所学知识内化于心，形成自己的见解，并培养社会责任感。这里的读书既指读课堂上的书，又指读课外的书，更包括读大自然、读社会、读亲情的"大书"。

学校实施"明理悦读",以"品经典名著、阅世间百态、悟处世之理、塑儒雅师生、呈最美言行"为读书理念,构建以"丰厚阅读基础、丰富阅读历程、丰盈阅读评价、丰硕阅读成果"为主要内容的开放式、多渠道、全方位的"明理悦读"体系。在阅读教学方面,学校探索实施以"读与思、读与写、读与画、读与创、读与说、读与演、读与辩、读与做"为内容的读书实践策略,让学生把书中所学内化于心、外化于行。

(二)"课程习理"——筑牢"明理"之柱

课程是一所学校的核心竞争力,承载着塑造学生未来的关键能力与必备品格的重任。为了培养明理儿童,学校以"国家标准、国学根基、家国情怀"为原则,打破课程间的壁垒,整合国家课程,补充拓展型校本课程,开发探究型活动课程,构建了一套较为科学的明理教育课程体系。学校开齐开好基础型、拓展型和探究型课程,将德育渗透到所有课程之中,让学生处处能够学习做人做事的道理。

明理课程主要从"问题激发学习志趣,情境调动情感,工具撬动深度思辨,平台互动体验成功乐趣"四个动力系统触发儿童学习的主动性,激活儿童内动力,培养学习品质,形成关键能力。

问题驱动,把学习内容的原生价值与学生学习的需求点和生长点连接,形成驱动学生好奇心与内生力的主问题、问题链或问题组,激发学习的志趣。

情境调动,由一个大概念或主问题作为情境贯穿学习全过程。学生自始至终浸润其中,全身心投入,在一个大情境主线上由浅入深,由低到高,层层递进,螺旋上升地系统地带动思维提升、情感发展,拥有为明理而学的激情。

工具撬动,以运用工具为脚手架,多感官协同,学习内隐思维外显化,个体学程可视化。教师准确把握不同类别学生学习的需求,切中学生学情的起点,撬动学习难点、卡点,展开有针对性的指导。

平台互动,将分散、隐藏的个体化独到见解、信息资料、问题反馈等,通过建立平等互动机制，达成师生之间、生生之间的分享、合作，实现多向互动。学生在自由表达中张扬个性特长、集中群体智慧，聚焦问题的解决，体验成功的乐趣。

（三）"课堂辨理"——点亮"明理"之火

要实现"育德育才"这一目标，离不开课堂主阵地。具体而言，要让学生在课堂上通过话题、辩论、研讨、表演等方式培养学生"明理笃行，弘毅致远"的优秀品质。

（四）"行动践理"——落实"明理"之道

陆游诗云："纸上得来终觉浅，绝知此事要躬行。"所以，行胜于言。为此，学校将"有字之书"和"无字之书"，将做人做事做学问的道理渗透到校内学习的各个环节，延伸到学生校外生活的方方面面。

一是让学生知道做什么样的人、明什么样的理，促进学生健康成长。学校基于争章创星的明理儿童评价，倡导学生读名人传记，既开阔了学生的阅读视野，又让学生找到了人生榜样。

二是明理儿童的培养是全方位的，实现校内外的有机结合。学校推出了立足于研学的"明理少年在行动"板块，注重"研"与"学"的深化，实现将个人所学践之于行。

三是注重仪式教育，如"拜师礼""成长报告仪式"等，推动其带着明理梦想继续出发。

相信，随着明理教育的深入实施，学校将焕发出勃勃生机，学生会呈现出体魄健康、心态积极、志向高远、学业优秀、习惯优良等特点；教师明理自觉，呈现敬业、博爱、高雅的职业样态。

第三章　湛江经开区四小的明理教育办学理念体系

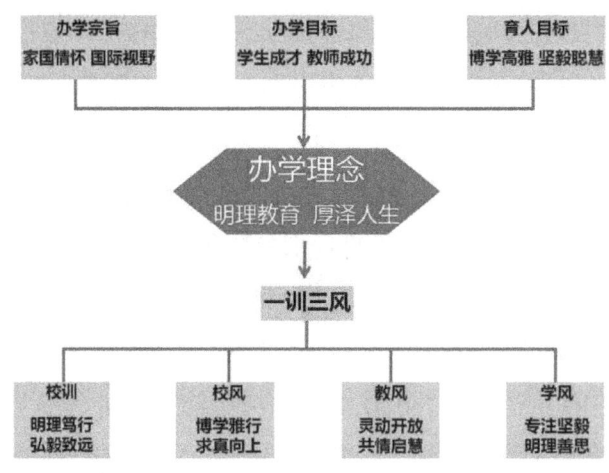

第一节　办学宗旨：家国情怀，国际视野

家国情怀，就是要成为践行社会主义核心价值观的典范，要爱国、敬业、诚信、友善。要始终牢记自己是一个中国人，永远有一颗中国心以及身为中国人的自豪感，牢记对国家对民族应当承担的责任。要做一个心系家乡、反哺家乡的经开区人。家乡是收藏童真、承载乡愁、续充能量的精神家园，要熟悉经开区文化，做经开区的"宣传员"和"代言人"。对学校而言，持包容之心，取开放之态，立足本土、立足传统文化，拥抱世界文

明，不断注入新的时代精神，是走向未来教育的保证。

国际视野，就是要有更加开阔的眼界，做一个合格的大国公民，做参与国际竞争、国际合作的有用大才。特别是要学习和学好外语，学习世界的先进知识，继续深造成为世界范围内某一领域的专业人才，将来更好地服务祖国、反哺城市。

第二节 办学理念：明理教育，厚泽人生

明理教育，是中国的优秀传统文化。《大学》说："大学之道，在明德，在亲民，在止于至善。"哲人告诫我们，全人之学在于修明自身，以自己道和德之成就，服务社会，服务人民，最终达到完美境界。故明理教育，是让学生通过读书学习，明德理、明学理、明事理，做"明理少年"；让教师以文化人、以德育人，引导学生做到明大德、守公德、严私德。"德"是一个人成长的必备品格，"才"是一个人应具备的关键能力。厚泽人生，是指以崇高的道德、博大精深的学识培育学子成才。教师要学会关爱学生，欣赏学生的优点，激发学生学习的兴趣，寻找学生可赏识、可激励之处，包容他们，还要教会学生自主学习，塑造他们亮丽的人生。学校通过明理教育，厚泽学生人生，实现既育德又育才的目标。

第三节 办学目标：学生成才，教师成功

学校办学的终极目标无非就是为了培养学生成才，但是如果没有教师的发展就很难有学生的成才。因此，学校也要重视教师的培养，教师的幸福与学生的成长是联系在一起的，教师的动力更多的是来源"成就自己、成就学生、成就未来"，作为校长要不断给教师新的目标，新的追求，让教师在信任和鼓舞中积极努力工作，只有这样，才能激起教师的工作热情，乐于工作，在工作中享受幸福人生。

更新知识在当今日新月异的信息时代，社会的发展要求教师博学多思，求实创新。我们要面向全体学生，让学生全面发展，那么教师也应该全面发展，只有教师本身的知识不断更新才可以真正对学生进行"明理教育"。

第四节　育人目标：博学高雅，坚毅聪慧

博学，一是指学识渊博，知道得多，了解得广，知识丰富。如《论语·子罕》："大哉孔子！博学而无所成名。"二是指广泛学习人文知识与科学文化知识。如《礼记·儒行》："儒有博学而不穷，笃行而不倦。"作为教师，应学识渊博、造诣精深；作为学生，应打下厚实的功底，全面提升综合素质。博学是一种开放、执着、谦虚的为人处世的态度。博学也是一种美德，其好处在于使人明事理。意义说大了，博学是推动人类社会进步的创造力的基础。说小了，是帮助自己日后建功立业的手段。其实博学是好学比较高的阶段。

高雅，指高尚雅致，表现受过良好教养的高尚举止或情趣，比喻高超雅正。语出《三国志·魏志·崔林传》："禀自然之正气，体高雅之弘量。"唐·王勃《鏊鉴图铭》序："句读曲屈，韵调高雅。"

博学高雅，意蕴学识渊博，品行端正，积极进取之义，呈现了一个底蕴深厚，雍容雅致的古典而不失大气的学校气象。

坚毅，意指坚定而又有毅力。出自宋叶适《徐德操墓志铭》："有所执论，发于坚毅，不可悛夺也。"清恽敬《上举主陈笠帆先生书》："若夫文之坚毅者必能断，文之精辩者必能谋。"坚毅的含义远比毅力、勤勉、坚强要丰富得多。坚毅是对长期目标的持续激情及持久耐力，是不忘初衷、专注投入、坚持不懈，是一种包含自我激励、自我约束和自我调整的性格特征。无论在何种情况下，比起智力、学习成绩或者长相，坚毅是最为可靠的预示成功的指标。智商是与生俱来的，而坚毅是每个人都可以开发的。父母和学校，可以帮助孩子塑造坚毅的品格，这将有助于孩子将来在任何

领域获得成功。正向心理学（Positive Psychology）认为预示孩子未来成功的"七大秘密武器"分别是：Grit（坚毅）、Zest（激情）、Self-control（自制力）、Optimism（乐观态度）、Gratitude（感恩精神）、Social intelligence（社交智力）、Curiosity（好奇心）。情商，只是社交智力的一部分，而智商，压根被排除在了这"七大秘密武器"之外。近几年来，经济学家、教育家、心理学家和神经科学家等各个不同领域的专家都普遍认为，决定孩子成功的重要因素，并不是我们给幼年的孩子灌输了多少知识，而在于能否帮助孩子获得以坚毅为首的七项重要的性格特质（坚毅、自我控制、好奇心、责任心、勇气以及自信心），这些都将影响其一生。坚毅是一辈子的事，好比一场马拉松，而不是一次短跑。坚毅不止包含坚持不懈的努力，同样重要的是驱动努力的热情。如果坚持是一种状态，那么热情就是驱动坚持的燃料。没有热情的坚持，还不如不坚持。只有带着热情的、自我驱动的坚持，才是真正的坚毅，才能真的走向卓越和幸福。坚毅最理想的状态是：做你所爱，并持续地爱。持续努力要比天赋来得更重要。天赋人人都有，只不过很少有人能通过持续的努力把天赋全部发挥出来。教育需要培养有坚定毅力的人。没有坚定毅力的人，体会不到认真学习，全情投入所带来的忘我境界，体会不到学习的进步与生活的快乐。

《国语·齐语》："桓公又亲问焉，曰：'于子之乡，有居处好学、慈孝于父母、聪慧质仁、发闻于乡里者，有则以告。'"曹植的《静思赋》："性通畅以聪惠，行嬽密而妍详。"这些都讲到了聪慧，意思是指聪明而有智慧。

坚毅聪慧，旨在营造安静祥和，使人专注的学习氛围，让孩子在开放的学习环境中，拥有坚毅、激情、自制力、乐观态度、感恩精神、社交智力及好奇心，从而使孩子脑子灵活、聪明、心细、懂事、有灵气、有自己的想法，能够适应日新月异的当代社会。

第五节　一训三风

一、校训：明理笃行，弘毅致远

习近平总书记致信全国青联与学联会议的代表，信中引用了《论语》中记载的曾子的话："士不可以不弘毅，任重而道远。"习近平总书记对年青一代寄予了深深的期盼：国家与民族未来的命运、前途，广大百姓的福祉，是年青一代将要承担的重任。他殷切希望年青一代立定志向，努力学习，锻炼自己，时刻准备着负重任、致远路。

我校以"明理笃行，弘毅致远"为校训，一是古为今用，保留我国的文化之根；二是开放思维，赋予传统文化以新的时代内涵；三是教育使命，希望学生面向未来、立定志向、立足当下、努力学习、锻炼自己、知行合一的人生追求。这样，让师生在明理中笃行，在弘毅中致远，保持自由开放的风气，传承中华优秀传统文化，培育优秀个性品质，为追求幸福生活倾心又倾力。

二、校风：博学雅行，求真向上

博学，意为在科学知识的学习上博取众知，广泛猎取，培养充沛而旺盛的好奇心。博，不仅意味着兼容并包、海纳百川的胸襟，而且意味着对知识的不尽求索和百家争鸣。唯有博大和宽容，才能兼容并包，使其具有世界眼光和开放胸襟，真正做到"海纳百川、有容乃大"。

雅，是人内外兼修的气质，是经过人的内在精神修养不断提升而外显的文雅风范；行，是人知行统一的能力，是人在长期的实践活动中培养出的一种较稳定的行为习惯。雅行，就是"秀外慧中"之意，"秀外"是对个体外部行为表现的要求，主要包括儒雅的形态、文雅的举止、高雅的情趣；"慧中"是对个体内在知识、情感素质的要求，包括具有丰富的情感素养，有与其年龄相对应的文化素养。

博学雅行，是中国传统文化的重要组成部分，它充分体现了儒家修身思想内涵。学校推行博学雅行之风，目的在于使学生涵品润德、厚积薄发。因此，学校致力于学生各类习惯的养成。

求真向上，指追求事物发展的真理所在和寻找事物发展的客观规律，是在科学的理论与方法的指导下不断地认识事物的本质，把握事物的规律。求真，是一种科学的态度与境界，是人类文明得以传承发展的精神动力，体现了我校脚踏实地，实事求是的价值追求。陶行知先生说过，千教万教教人求真，千学万学学做真人，与人为善，与事认真，去除浮躁，力戒虚假，追求真知灼见。向上，是我校的精神核心，蕴含着不断进取的朝气。只有凭着不断进取的朝气，并不断寻找自己的参照物，我校才能找到属于自己的坐标，才能不断前进，不断地超越自己。"向上"蕴含着永不服输的锐气。锐气就是动力，它是学校可持续发展的原动力。"向上"蕴含着充满智慧的灵气。在"向上"的过程中去研究、探讨、学习、掌握真理。

三、教风：灵动开放，共情启慧

灵动，表示有灵气，活泼不呆板，富于变化，意味着教师应时刻将自己的生命与学生的经验感受融合为一体，时时发现身边的教育良机。激发学生的好奇心和求知欲，抓准良好的教育时机，实施有效的教育。小学教学需要鲜活灵动的课堂，激发学生的学习兴趣，爱护学生的好奇心，引导学生学习，让学生回归生活，体验生活，拥抱大自然，让学生爱上学习，注重个性张扬。因此，教师要多一些灵敏、跃动，为学生提供灵活、丰富的多元学习空间，构建灵动的课堂，拓展学生的思维，更好地激发学生潜在的智能，促进学生个性发展。

开放，意指一种开放的精神，表明教师必须时时保持良好的学习心态，以开放包容、积极进取学习的心态进入课堂。"开放"是过去对未来的开放，是传统对现代的开放，是中国对世界的开放。它的重要意义在于培养孩子们以开放的方式，用国际理解和战略思维兼收并蓄、博采众长。因此，我们致力于培养思想敏锐、富有胆识、敢于开拓创新的现代中国人。

共情（Empathy），也称为神入、同理心，共情又译作同感、同理心、投情等。共情是人本主义创始人罗杰斯提出的，是指体验别人内心世界的能力。共情能力，或译作移情能力，指的是通过别人的语言或者行为去感知他人的内心，能设身处地对他人的情绪和情感的认知性的觉知、把握与理解，把自己带入他人的世界，用他人的思维方式、思维基础去思考，从而达到感受和理解他人情感的能力。也是常说的换位思考，将心比心，然后得到与之相同的共鸣，使学生感到自己被理解、悦纳，从而感到愉快、满足，产生积极的影响。因此，共情被视为教师与学生更深入的交往、沟通能力。

慧，即智慧、方法、策略、有才智、明事理、富涵养等。启慧，启发智慧，善于思考。启慧，是立教之本、师生发展之本，着眼师生的生命成长，构建开放型、创新型和智慧型的学校教育生态，注重教师的"慧教"、学生的"慧学"和学校的"慧育"，着力促进教师二次发展、学生全面发展和学校内涵发展三者协同发展，着重培养智慧型、创新型的教师和学生，主动适应学习型社会、创新型社会、信息化社会、数字化社会、个性化社会、全球化社会对教师和学生的需求。"启慧"体现主体性、融合性、开放性、创新性。遵循"尊重差异、追求个性、开放多元、全面发展"的价值观，以中国学生发展核心素养为指导，旨在培养每一位学生的学习兴趣，挖掘每一位学生的学习潜能，促进每一位学生全面发展，让每一位学生都能够在校园里找到自己的成长乐园，留下美好的童年记忆。

四、学风：专注坚毅，明理善思

专注坚毅，意谓专注的精神和坚定的毅力。教育需要培养有专注精神和坚定毅力的人。教育最终要回到人的品行培养。没有专注精神和坚定毅力的人，体会不到认真学习、全情投入所带来的忘我境界，体会不到学习的进步与生活的快乐。"专注坚毅"旨在营造安静祥和，使人专注的学习氛围，让孩子在开放的学习环境中，拥有坚毅、激情、自制力、乐观态度、感恩精神、社交智力及好奇心，从而能够适应社会。

明理，是指教师要让学生懂得、明白或学会学科知识的逻辑、规律、事理、条理、道理、理由、理论、方法、策略等。善思，《论语》云"学而不思则罔，思而不学则殆"，通过思考，在不断地发问中，发现问题本身，并积极探索和解决问题。对小学生而言，养成思考的习惯，是获得成长的基础。

在"专注坚毅，明理善思"的学习氛围之下，孩子们能够推陈出新，不断发展，与时俱进。

五、"四小"人的精神：敬业上进，共情博爱

敬业上进，是使命所在，是尊敬并热爱自己所从事的职业，并且愿意为工作积极投入、追求上进、善始善终的一种态度、一种精神。

共情博爱，是一种胸怀和行动，是教育者的模范行为，要求教师换位思考，将心比心，容纳和善待所有的学生，接受每一位成长和发展中的儿童少年。它还是一种价值观，基础教育阶段中要着眼学生的发展，远离"筛选"和"甄别"，人的潜能只有在和谐的环境中才能释放发展，创设适合每一位儿童健康成长的环境，让他们能互相交流、砥砺，能各展所长，让学生理解"天生我材必有用"，树立信心和理想，这里没有歧视、没有压抑感。竞争是促上进的手段，不是所谓的"物竞天择，适者生存"。

第四章　明理教育的三大内容板块

明理教育，让教师以文化人、以德育人，引导学生做到明大德、守公德、严私德，做"明理儿童"。"德"是一个人成长的必备品格，"才"是一个人应具备的关键能力。明理教育主要有三大内容板块：一是明德理，在明理教育指导下开展德育工作；二是明学理，在明理教育指导下开展教学工作；三是明事理，在明理教育指导下德育与教学相结合，培养学生的多元能力。读书明理、行动践理，学校将采取诸多有效措施实施明理教育，让"理"的种子在学生的心中生根、发芽，让"理"陪伴学生健康成长。学校通过"明理教育"，实现育德健体又育才的目标。

第一节　明德理——明理教育指导下的德育工作

"国无德不兴，人无德不立。"党的十八大报告首次提出"把立德树人作为教育的根本任务"，党的十九大报告更是提出："要全面贯彻党的教育方针，落实立德树人根本任务，发展素质教育，推进教育公平，培养德智体美全面发展的社会主义建设者和接班人。"党的二十大报告中强调："培养什么人、怎样培养人、为谁培养人是教育的根本问题。育人的根本在于立德。全面贯彻党的教育方针，落实立德树人根本任务，培养德智体美劳全面发展的社会主义建设者和接班人。"习近平总书记在全国教育大会上也强调："要把立德树人融入思想道德教育、文化知识教育、社会实践教育各环节，贯穿基础教育、职业教育、高等教育各领域。"①在我国现代化的社会发展中，小学教育备受人们重视，培养有理想、有担当、有责任心的小学生是教育部门的首要任务，德育要从娃娃抓起，只有将德育摆在核心位置，才能够更好地推动现有小学德育的发展。因此，我们高度重视德育工作，在我校明理教育的理念指导下，结合学生身体和道德发展的内在规律，开展了一系列德育主题活动。

一、四"境"（敬、静、净、进）教育

不学礼，无以立。文明礼仪是个人成长的根基，是现代人必备的基本素养。所谓的四境，第一是尊敬的"敬"，第二是安静的"静"，第三是干净的"净"，第四是上进的"进"。为实现高品位的办学定位和高分高能高德的培养目标，构建四"境"校园，我们提倡君子文化，致力培养健康儒雅、坚毅聪慧、灵动真诚、有民族精神、能走向世界的现代中国人。我们倡导四"境"教育，积极开展一系列活动，着力塑造学生讲文明、重礼仪、团结友善、热情待人的良好形象，提高学生素养，促使他们形成追求进步、不断向上的品格，塑造健康积极人格，构建和美四"境"校园。

（一）活动主题

"行行礼、问问好，敬在我心"教育活动；

"轻轻走、悄悄说，静在我校"教育活动；

"伸伸手、弯弯腰，净在我行"教育活动；

"追明理、求开拓，进在我志"教育活动。

（二）活动目的

通过开展活动，营造良好的校园氛围，使学生养成见面问好、弃物入袋、桌墙无划痕、口不出秽语、不随地吐痰等良好的文明习惯，形成追求上进、勇于开拓的坚强意志，构建和美四"境"校园。

---

① 习近平在全国教育大会上发表重要讲话[EB/OL]（2018-09-10）http://edu.people.com.cn/n1/2018/0911/c1053-30286253.html

（三）活动内容安排

9月份："行行礼、问声好，敬在我心"教育活动

1. 遵守八项行为要求

（1）见了老师主动打招呼。早上见了老师说："老师早！"日常见面说："老师好！"分别时说："再见！"

（2）上课和下课时要集体起立行注目礼。班长喊"起立"后，学生应立即起立，成立正姿势，目视老师，老师还礼后再坐下。

（3）课堂提问要先举手。回答问题要起立站直、目光直视老师，发言时态度要认真，发言完毕，经老师允许后再坐下。

（4）进入教室、下课走出教室、上下楼梯或在其他人多的地方与老师相遇，都要让老师先走。上课中间进教室要喊"报告"，经老师许可后方能入内。

（5）与老师交谈时，要主动给老师让座。得到老师或别人帮助后要说"谢谢"，麻烦别人时要用请教、请求的语言。

（6）虚心对待老师的教导，对老师的意见不能无理顶撞或强词夺理。

（7）老师来家访时要热情欢迎，老师家访结束时，要送老师出门，向老师说"再见""慢走"。

（8）既要尊敬班主任或任课老师，也要尊重学校里的所有教师和职工。

2. 学唱课间三字歌

小学生，要注意。课间短，有礼仪。下课后，不拥挤。让老师，先出去。教室内，别喧哗。吃东西，不可以。窗户边，别打闹。有危险，要牢记。楼道窄，别乱跑，球类活动不适宜。见老师，打招呼。休息好，有精力。课堂上，效率高！

10月份："轻轻走、悄悄说，静在我校"教育活动

开展以"安静靠大家，受益你我他"为主题的班会活动，课间提倡小运动量活动和益智游戏，充分发动学生动脑设计"快乐十分钟"课间文明

游戏。

课间活动要求文明安全：

（1）下课后，值日生要及时将黑板擦干净，同学们走出教室休息，远眺，让眼睛放松。

课间活动时，不得在教学区和走廊内玩球；楼上同学不得将废纸、粉笔头等物品向楼下扔，更不得向楼下吐痰，不准触摸班牌、门框；不准触摸电器设备；不得爬在栏杆上，不得做任何危险动作；上下楼梯不得拥挤、推拉、打闹，以免发生事故；同学之间要团结友爱，不讲粗言秽语，不得喧哗起哄，不准骂人打架。

（2）做"两操"，整齐到位。做眼保健操时，要闭目静心，按音乐节拍、穴位及动作要领认真做好。做课间操时，出操退操做到静、快、齐，做操时要认真、到位，因病因事不参加课间操的同学要向班主任或体育委员请假，出场退场要注意安全。

（3）进办公室，要有礼貌。进办公室前，应先轻轻敲门或喊报告，得到老师允许后才可以进办公室，得到老师帮助要说"谢谢"。

11月份："伸伸手、弯弯腰，净在我行"教育活动

"干净"的目标要求：

（1）干净学生

每一个学生，衣着要整洁，手上无污渍，身上无污垢，鞋子无污泥，红领巾整洁，不留长指甲，男生不留长发，女生头发梳理干净。

行为文明，活动文雅，早晨起床要洗脸刷牙，饭前便后要勤洗双手，雨天不在泥水地玩耍，晴天不在地上摸爬滚打。

（2）干净教室

教室卫生要得到每一位学生的重视，教室里要努力确保一天中所有时间内都是干净的。地面上要保持洁净，每周至少把教室拖地三次，人人岗位责任制要落实到位，坚持天天检查天天清洁，特别要注意一些容易忽视的地方，墙面瓷砖、窗台、门角里、电器开关盒、橱柜里、电视机上等都

是需要密切关注的地方。

教室里的座位要尽可能在一天中都保持比较整齐的状态，课桌椅子必须保持整洁，特别是新的课桌上面不能出现划痕和难以清洗的污渍。学生的学习用品要整洁，摆放要整齐。

（3）干净校园

干净校园是以干净学生、干净教室为基础的，同时也有许多日常工作要做。各班级的卫生包干区要每天都有专人负责检查清扫。学生要养成爱清洁、讲卫生的好习惯，在校园里不能乱扔垃圾，见到废纸弯腰拾起，值日生要把垃圾倒入指定的垃圾桶内。

花草树木对于净化校园空气、美化校园环境起着重要的作用。全体师生要爱护学校的花草树木，不随意践踏校园内的草坪绿地，相关人员要认真做好绿化养护工作。

12月份："追明理、求开拓，进在我志"教育活动

学校开展"明理星级班"评比活动，创设班级间的竞争机制，从而培养学生的竞争意识和责任感，磨炼学生奋发向上、追求上进的坚强意志；开展"明理小达人"评比活动，充分发挥每个学生的特长和能力，调动学生的主动性和创造性，激励他们不断前进，形成坚持理想、追求作为的思想信念。

1. 检查考评

每天检查打分，周一在国旗下表彰。考评成绩与班主任的工作考核挂钩。

2. 活动要求

（1）各班班主任组织学生学习各项活动的要求。

（2）利用黑板报、校园广播站、宣传栏，宣传文明礼仪知识，提高学生礼仪素养。

（3）利用班队会、健康教育课等对学生各项活动要求进行强化训练。

（4）通过规范的指导和训练，逐步培养学生良好的文明举止。（如课前

课后起立，见到老师主动问好等）

（5）围绕"敬、静、净、进"教育活动各班召开主题班会。

（6）多渠道、多手段、多方位地开展四"境"教育活动，如讲身边的礼仪小故事、编礼仪童谣、演讲比赛、知识竞赛、手抄报等。

（7）各班自主策划进行各种活动，帮助学生改正不良习惯，使校园形成文明、团结、积极、向上的良好氛围。

（8）各班根据学校方案，结合各班实际，制定出适合自己班级的切实可行高效的活动安排，创造性地开展有关活动，并将活动安排于第二周周四前上交德育处。

（9）期末，各班班主任对班级开展的活动情况进行全面总结，如开展的方式、成功经验、不足之处、整改措施等，以便在后期的工作中扬长避短，凸显实效，并将总结以书面形式上交德育处。

扎实开展四"境"教育

——经开区第四小学明理教育之班主任管理

开学初，学校德育处就对全体学生进行了四"境"教育进校园的主题教育。要求各班真正把"敬、静、净、进"的教育落实到位，旨在培养学生养成良好的行为习惯，着力塑造学生讲文明、重礼仪、团结友善、热情待人的良好形象，提高学生素养，促使他们形成追求进步、不断向上的品格，塑造健康积极人格，构建和美四"境"校园。

为提高班主任管理水平，促进学生尽快养成良好的习惯。10月8日下午，我校就"开学一个月以来学生存在的不良现象""班主任的工作重心"，开展了以扎实开展四"境"教育为主题的班主任会议。学校林文智校长、主管德育工作的行政人员、年级级长和全体班主任参加了会议。

何秀英主任做了《扎实开展四"境"教育工作》的专题讲座。何主任肯定了各位班主任开学以来对各项工作认真负责的态度，并对老师的辛勤付出表示感谢。何主任在讲座中指出班主任工作要想出色完成，必须要做到以下几点：

1. 了解学生喜欢怎样的老师；

2. 明确本学期德育工作要点；

3. 了解开学以来存在的问题以及整改措施；

4. 要注意工作方法。

接着，何主任结合学校工作带领全体老师学习如何成为学生心目中喜欢的老师。

1. 要有责任和爱心。在日常班级管理中，班主任要用心、用力、用情，平等对待每位学生，爱护每位学生敏感的心灵，关注每位学生，定期与他们交谈，走近学生。

2. 要博学多才，成为学生兴趣爱好的引领者。老师不仅传授课本知识，更要引导学生的课外兴趣，带学生学习课外知识，让兴趣成为我们和孩子沟通的桥梁。

3. 要公平、公正、公开。每位学生都是天使，我们要平等对待他们，不包庇、不偏心。宽容对待学生的错误，做到对人人如此。

4. 教育要有方法。教书育人，教育学生要灵活运用多种方式方法，少说教、少责备、多鼓励。营造活跃、轻松的课堂氛围。

最后，何主任提出了本学期德育工作要点，最主要的是进一步落实四"境"教育，着重抓学生爱护公物和良好习惯的培养。保证学生有"三好"，好敬、好静、好净。何主任对开学一个月以来各班在落实四"境"教育活动中学生存在的不良现象，提出了一系列的整改措施，并根据学校的管理制定了严格的扣分制度。班主任们都认真做会议记录，以便日后据此开展相应的工作。

班主任工作繁而杂，要做好确实不容易。何主任对班主任的日常工作方法也提出了一些建议：老师要用和善的态度对待班主任工作，要多鼓励学生，少批评、少指责。在家校联系中，老师的态度要温和，语言要委婉。特别是提醒班主任们对待安全教育，要不断强化，经常性教育安全重于泰山。

林文智校长进行了《用初心证明自己，用深情打动时代》的班主任工作会议讲座。林校长激励老师要用心去工作，教育要靠情怀，并对班主任工作提出几点建议：

1. 要夯实安全管理，打造平安校园。重视学生的安全问题，加强管理。强抓四"境"教育，构建四"境"校园。

2. 坚持立德树人，实施明理教育。坚持五育并举，育人为本，为学生终身发展奠基。

3. 建立平等关系，做到教书育人。与家长建立平等交流关系，和善对待学生。

4. 践行服务理念，落实"双减"政策。跟党走，听党话，做好课后服务。

5. 迈开脚步，追求教育幸福。老师们要做到终身学习，用心读书，丰盈厚重的人生。

学校通过对班主任进行集体培训，让全体班主任对德育与班级管理工作有了更深刻的认识，对教师的职责有了更深的理解，思想高度有了更大的提升。在工作中，大家会用更大的热情和更科学的方法，实行高效管理，用心、用力、用情，做一个有温度的班级管理者，积极践行四"境"教育，推进四"境"活动，让"尊敬、安静、干净、上进"浸入校园的每一个角落。班主任在日常工作中持续学习，不断充实自己，用自身散发的光芒，以点带面，引导学生更好地前行，成就更好的自己。努力把学生培养成一名明德理、明学理、明事理的好少年。

二、国学教育

"明理教育"的独特价值在于：把握小学教育立德树人的根本规律；提供儿童个性成长与国家发展相统一的教育路径；寻找传承中华优秀传统文化的学校理论与实践样本；努力拓宽学校教育传承传统与面向未来的育人视野。在这样的校园文化追求下，我们希望：学校用经典使自己变得更加厚重、更有文化气息；老师用经典使自己变得更有思想，让教育人生更加幸福；学生用经典使自己变得更懂礼仪、更有修养；家长用经典使自己更智慧，用正确的言行伴孩子健康成长。从经典诵读到国学教育，学校将国学全面融入管理、文化、课程中，努力让传统道德走进每个老师、每位学生的心中，真正体现我们的文化追求：博学雅行，求真向上。

（一）将中华经典诵读纳入课程

我校一直遵循培养具有家国情怀和国际视野的现代中国人的教育理念。将中华经典诵读纳入拓展课程中的小公民教育课程，并作为特色品牌项目的研究方向，培养学生专注坚毅、明理善思的品格。

1. 放学时诵读20分钟。我校在放学时安排了以下诵读内容：一年级诵读《三字经》，二年级诵读《弟子规》，三年级诵读《中华成语千句文》等。老师们充分利用每天放学路队的时间，带领学生进行国学诵读。一年级的孩子们在清新欢快的童谣中结束一天的学习，二、三年级的学生则在老师的带领下诵读、理解经典。虽然诵读只有短短的20分钟，但孩子们对国学经典的感悟就这样一天天积淀下来。

2. 师生静心阅读。每周都有全校统一的"师生静心阅读"时间，师生们在这段时间里安静地读书、思考，沉浸在浓厚的读书氛围中。学校图书室、班级图书吧的建设，也为师生广泛而深入地诵读创造了有利的条件。

课堂落实，经典浸润

湛江经济技术开发区第四小学　林文智

自办学以来，我们积极探寻国学教育的实施途径。首先，我们把国学课列入课程安排，每周一节，作为国学教育的基本课时和主要阵地。其次，确定了两个国学实验班，带动和探索国学教育的新路径。再次，具体规定了各年段的诵读教材：一年级《三字经》，二年级《弟子规》，三年级《中华成语千句文》。最后，组织语文教师实施国学教学，通过集体备课、研讨、反思、总结，探索出了校本经典诵读课堂教学模式，即，故事诱趣—初读感悟—品读理解—诵读经典—表演展示—明理导行。这样，一是促进了学校在地方课程、校本课程、校本教材方面迈出了重要一步；二是诵读提高了学生的语文素养；三是学生的学习兴趣得到了激发，道德修养得到了熏陶，他们以圣贤为榜样，规范自己的言行。

"掬水月在手，弄花香满衣。"国学经典诵读活动犹如一道亮丽的风景，为学校明理教育带来勃勃生机。但经典诵读活动不是一朝一夕、立竿见影的事情，而是一种长期的文化浸润，诵读仅仅只是一个开始，还有更艰难的路要走。我们将继续努力，让"经典诵读"成为师生的一种自觉，让经典诵读活动逐渐成为学校的文化品牌。

（二）将国学教育融入活动

为了让传统文化真正浸润到孩子们的日常生活中并外化为日常行为，我校开展了一系列丰富多彩的德育活动，以温和而有力的方式持续推进这一进程。

1. 德育活动讲经典。"国旗下班级秀活动"一直是我校对学生进行思想道德教育的重要阵地，同时也是学生诵读、演绎经典的平台，每班轮流在集体朝会上展示学生的国学素养。形式活泼多样、内容丰富多彩的"班级秀"对学校国学经典阅读的开展起到了很好的推动作用。老师们每学期也会精心挑选10篇小古文，由语文老师上台领诵，全校师生同诵、同背经典。

2. 组织比赛促经典。我校积极组织学生参加各种国学竞赛。秉承全员参与、优中选优的原则，先在班级之间进行初赛，选拔出来的学生再参加校级比赛。

3. 亲子阅读乐经典。我们邀请家长加入诵读行列，与孩子们一起在经典的海洋中遨游，共同领略传统文化的无穷魅力。去年寒假期间，我们鼓励家长利用假期带孩子逛书店、送书给孩子、和孩子一起诵读，营造家庭诵读氛围，帮助孩子养成良好的诵读习惯。新学期开学，我校都会评选"明理·诵读之星"，同时邀请家长参与诵读展示活动，营造家校和谐的诵读环境。

　　除此之外，我们还十分重视校园文化环境的熏陶作用。校园广播会在每天清晨播放谱上曲子的《三字经》《弟子规》等国学经典，让学生在潜移默化中受到经典文化的熏陶和感染。各班利用班队会时间讲经典故事，培养"明理·国学故事小达人"。每学期积极组织学生依据语文教材里的国学经典故事，进行课本剧创编和表演活动，各年级优秀作品都有机会在全校演出。并举办元宵节、清明节、中秋节等传统节日的学生小报、海报评比，在营造浓厚的节日气氛的同时，也提高了学生对传统文化的认同和理解。

国学经典润心灵　　践行内化品质
湛江经济技术开发区第四小学　林文智

　　当今，由于受到功利化的社会价值的影响和冲击，中小学生普遍存在自私、粗俗、浮躁的现象，缺乏修养、缺乏诚信、缺乏感恩、缺乏追求，学校说教式的教育往往显得苍白和无奈。为此，我们试图以国学经典教育为载体，以课堂教学为主渠道，以明理教育理念指导下的校本课程研究为主形式，以特色教育活动为平台，以校园文化为依托，探索一些校本的教育方式，让学生追求高尚的道德情操，陶冶健康的审美情趣，吸收民族文化智慧，内化自身素养和品质，从而将其培养为明理好少年。

一、多措并举，保障推进

（一）健全机构，明确要求

　　我校成立了以校长为组长，副校长和德育主任为副组长，其他班子成员及语文教师为成员的经典诵读组织机构。结合校情，制定切实可行的《开发区第四小学国学道德内容诵读活动实施方案》，明确活动目的，确定诵读内容，保证诵读时间，做到有组织指导，有目标要求，以确保诵读的持续性和有效性。

（二）设立机制，评价促进

1.重视过程性评价

把诵读活动纳入教师量化考核、星级班级评比、学生综合素质评定的内容，建立"行政查—组长促—班主任抓"的有效管理体系和运行机制，坚持把经典诵读活动作为常规工作的主要内容之一，进行规范化管理。如利用每周升旗仪式展示，放学后的时间进行诵读和抽查，大课间进行国学操锻炼，星级考核，并让家长把关、签名等，多角度、多层面，全过程、全方位评价学生的诵读能力。

2.体现激励评价

建立"以激励为主"的评价机制，不断通过各种形式的激励措施激发孩子背诵的热情，检查诵读效果，如"星星对抗""阅读之星""过级"考核、诵读状元、发放等级证书或奖状、喜报等灵活多样的形式。

3.探索分层评价

一是分学段。根据不同年级学生的认知水平和接受能力，按不同的评价内容、目标推进经典诵读。低年级段：一星级10首，读1本好书；二星级20首，读2本书；三星级30首，读3本好书；四星级40首，读4本好书（《三字经》《弟子规》每8个短句相当于一首诗）。中年级段：五星级50首，读6本书；六星级60首，读8本书；七星级70首，读10本好书；八星级80首，读12本好书（《中华成语千句文》每8个成语相当于一首诗）。高年级段：九星级90首，读14本书；十星级100首，读15本好书（《论语》《道德经》每一则相当于一首诗）。

二是分等级。制定不同的诵读目标，满足学生的个体差异和不同的学习需求，使各类学生都能取得长足进步。如诵读小学士：120首，读15本书；诵读小硕士：150首，读20本书；诵读小博士：200首，读25本书；诵读金博士：250首，读30本书；诵读钻石博士：300首，读50本书。

二、开展诵读，培育品质

为了传承弘扬中华传统文化精髓，增强学校德育工作的实效性，深化校园文化内涵，创新学校文化，构建适宜学生成长的和谐校园，我们学校逐步形成了以"读国学—讲国学—演国学—践国学"为主体的国学经典诵读体系，建立了"日日有诵读—周周有展示—月月有主题—期期有会演—年年有成果"的国学经典诵读开展模式，逐步探索"国学诵读与学生德性养成"的德育新途径。

（一）国学经典诵读活动常态化

1."日日有诵读"。下午上课前半小时的国学经典诵读，每天放学排路队背诵国学后再离校。要求学生人人能讲解，个个会背诵。

2."周周有展示"。每周星期一的升旗仪式时学生代表谈诵读国学体会，进行"班级诵读活动"，展示和检阅全校师生在上一个星期诵读国学经典的情况。通过展示，保证了学生诵读国学的质量和效果，同时也提高了学生诵读国学的积极性。

3."期期有会演"。每学期举行一次以诵读国学经典为主题的汇报表演，全校学生通过舞蹈、音乐、小品、乐器、剧情等多种形式展示国学经典，让学生认识到国学之美，领略传统文化的魅力，提高对国学经典诵读的兴趣，加深对国学经典作品的理解。

4."年年出成果"。通过国学手抄报、书法、古诗文配画比赛，阅读笔记评比，评选"诵读之星""经典诵读先进班级"，举办大型的经典诵读活动等来检验活动成果。每年对国学经典诵读活动进行梳理总结，举办国学论坛，开展活动推进会，促进国学诵读活动层次的提升，保证活动能系统、常态开展下去。

（二）国学经典诵读活动系列化

如果说"常态化"是时间层面上对国学经典诵读活动的有益探索，那么，"系列化"应该是我们试图从知行合一层面上为构建一个科学合理的国学经典诵读活动体系做出的努力实践。目前我们形成了成熟的国学经典诵读活动体系："读国学—讲国学—演国学—践国学"。

1."读国学"。学生坚持每天诵读和每周一"国旗下展示诵读"。

2."讲国学"。教师做国学讲坛和学生做国学诵读体会交流。

3."演国学"。一方面是学生对国学经典的诵读展示或表演（结合器乐、书法、绘画和朗诵等），另一方面是学生书写国学经典作品。

4."践国学"。最终将国学诵读活动和学生德性养成有机统一，让国学中的优秀文化和优良传统成为学生身体上流淌的血液，内化成学生内在的品质。

在这当中，我们的活动还有：一是"亲子诵读"活动、"国学诵读"主题班会、"国学倾听别样红"（利用校园自动播音系统，课间进行"国学欣赏5分钟"，播放一些国学曲子，让学生在放松的倾听中汲取经典营养）；二是践行礼仪教育，培养少年君子；三是注重个性差异，提高艺术课堂及兴趣小组的实效性，让学生受到艺术的熏陶，培养艺术的气质，如古筝、琵琶、书法、国画、剪纸等，让国学的"星星之火"以艺术的形式，在校园中形成"燎原之势"。多彩的活动丰富了学生的学习生活，使他们积累大量经典鲜活的语言，厚实自己的文化底蕴，同时也促进学校的"书香校园"特色文化建设不断发展。

三、践行探索，思考展望

在小学阶段诵读经典诗文、开展国学研究是一项新生事物，我们这项工作还处于探索之中，缺乏系统的理论指导。虽然积累了点滴经验，但也仅限于一些零星的具体操作。因此，我们收获着，也思考着：如何使经典诵读活动实效而不加重学生负担？如何让学生从内心上真正践行？如何构建"学校—班级—家庭—社会"整体诵读体系，实现教师、家长、学生的有机结合？这将是我们今后探索的方向和发展的不竭之源。

"不积跬步，无以至千里；不积小流，无以成江河"，学生的人生之塔是一砖一瓦逐渐搭建起来的，需要从现在起日积月累，奠基丰厚的智力背景和人生底蕴。"潮平两岸阔，风正一帆悬"，在诵读中华经典之路上，我校在明理教育理念的指导下，将继续以"博学雅行，求真向上"为追求，在千古美文的熏陶下，丰富人文素养，滋养孩子珍贵美好的童年。

三、品格教育

品格教育是指通过教育者和受教育者相互的、具有教育性的活动，引导和促进受教育者获得（形成）核心价值，形成社会需要的德性品质的过程。我国现代著名文学艺术翻译家、教育家傅雷曾在给他的孩子傅聪的家书中提到，应把人格看作主要，把知识与技术的传授看作次要。童年时代与少年时代的教育重点，应当在伦理与道德方面，不能允许任何一桩生活琐事违反理性和最广义的做人之道；一切都以明辨是非、坚持真理、拥护正义、爱憎分明、守公德、守纪律、诚实不欺、质朴无华、勤劳耐苦为原则。

经开区四小品格教育的"明理"根植于中华优秀文化与区域乡土特色文化，依据立德树人根本任务，指向习惯、素养、素质、品质、气质、涵养、精神等。湛江经济技术开发区第四小学地处建成区城市假日B区明理路，最初教育局根据"明理路"给学校起名为"湛江经济技术开发区明理小学"，多年后动工建校又更名为"湛江经济技术开发区第十四小学"，学校建成后正式命名为"湛江经济技术开发区第四小学"。基于学校的地理位置、原校名和立德树人教育的根本任务，我校开展了一系列关于"路"的活动。

（一）主题探究活动

活动聚焦明理教育中有形路与无形路、路的特点和作用、路与人们的关系，开展了以下一系列乡土特色的主题探究活动。

1. 介绍一条你最喜欢的"路"。
2. 读一本关于"路"的故事书。
3. 讲一个关于"路"的故事。
4. 用"路"字组一串词、写一段话、写一篇作文。
5. 了解一个关于"明理路"的人和事。
6. 背一首关于"路"的诗歌。
7. 画一幅关于"路"的画。

8. 写一幅关于"路"的书法作品。
9. 唱一首关于"路"的歌曲。
10. 做一份关于"路"的简报或思维导图。
11. 开展一次关于"路"的变迁的小研究。
12. 开展一场关于"路"的游戏。
13. 开展一次关于"路"的诗歌朗诵会。
14. 开展一次关于"路"的知识展示或汇报会。

湛江经开区四小学生作品集《成长之"路"》导语

繁花似锦的小路，蜿蜒曲折的公路，水天相接的环海道路，纵横交错的马路，把地球的各个角落无缝衔接、密不可分。就如鲁迅先生所说："世界上本没有路，走的人多了，也便成了路。"

人生追梦的道路又何尝不是充满坎坷、崎岖与险峻呢？但因我们用信念的双刃披荆斩棘，用梦想的明灯照亮前方，才能一往无前，无畏艰难，奋斗不息。

故乡的景与人，怎能不令游子魂牵梦萦？那是心灵的寄托，是难忘的记忆，是梦想的起点。求学的征途，非一日之寒，学子们必须下苦功夫，才能抵达彼岸。在家校往返的途中有小路的宁静，有赶集的热闹，有激昂的辩论，有成长的孤寂，同学们用孩子的眼光给大家带来对路的独特见解，请尽情地享受这份与众不同的演绎。

学生作品一：

明理之路，成长之路

湛江经开区第四小学三（6）班　陈俊骐

我家离学校很近，回家需要经过一条路，它叫"明理路"。

一天，爸爸妈妈说："你要学会勇敢，学会独立，遇到事情要学会找到解决的办法。"于是他们决定那天让我自己走路回家。

放学了，我第一次自己走路回家，内心是激动的，同时也感觉到害怕，之前都是妈妈或爸爸带着我走在这条充满生机的小路上。我担心在这条走了很多遍的小路上迷路或碰到坏人。在路上，我看到其他家长在接送小朋友，想到自己可以一个人独自回家，一下子觉得自己变得独立了，也变得勇敢了。相信当我出现在家门口时，一定会给妈妈爸爸一个惊喜。

太阳从西边落下，余晖洒落在明理路上，很美很美，连花儿好像都在笑。走着走着，我看见小路上到处都是水泥，原来是要盖新房子了，回家的路真的比以前更漂亮了，这离不开工人们的辛勤工作。我仔细观察，在工地上，有的工人在匆匆忙忙地搬石头，有的在搬木头……他们不怕苦不怕累地为国家服务，为城市的美貌付出劳动，他们是伟大的！

在回家的路上，我看见路的两边都是青草红花，它们千姿百态。花儿有的像笑脸，有的像云朵，还有的像妹妹的脸蛋呢！它们长得都很朝气，生命力都很强。

我在过马路的时候，看见一位老爷爷行走不方便，就过去扶他过马路，在老爷爷要感谢我的时候，我拉住他的手亲切地说："助人为乐是我们小学生应该做的，也是我们中华民族的传统美德，我做得不好之处，还希望您指出来，我改正，争取以后做得更好呢！"

回到家门时，我不经意转身，发现爸爸就在我身后，并一直骑着自行车跟着我，保护我的安全。爸爸下了车，走到我跟前，竖起大拇指夸我："俊俊，你真是勇敢又乐于助人，你长大了！"

我想，我每天走在明理路上，都能得到做人的感悟。

路名：明理路

位置：湛江市开发区明理路

寓意："为明理而读书"也就是说我们在这所学校读书，首先要学会做人的道理。

作用：只要心中有梦，眼中有光，脚下就必定有路，坚持就是胜利。

喜欢指数：★★★★★

（指导老师：李美晓）

学生作品二：

我家门前的海滨大道
湛江经开区第四小学二（1）班　龙冠宇

我家门前有一条大道，它叫海滨大道，是湛江的三条主干道之一，是我每天上学放学的必经之路，也是我最喜欢的一条路。海滨大道很宽很宽，有42米。大道两边高大的小叶榄仁树像一把把大伞，又像一个个伫立的士兵。人行道旁边种满了四季常青、色彩缤纷的热带植物和五颜六色的小花，美极了，这体现了海滨大道"热带风情、花色海湾"的园林景观。在这条大道两边，店铺林立，人来人往，熙熙攘攘，非常繁华。这里有我喜欢去的书店和玩具店，带给了我知识和快乐。这条大道陪我走过了春夏秋冬，陪伴着我成长。

路名：海滨大道

位置：湛江市海滨大道

寓意：港城湛江，因海而生；海滨大道，沿海而建。

作用：提升道路通行力，体现海滨大道"热带风情、花色海滨"的园林景观，体现湛江是一个四季花开、四季如春的南亚热带滨海城市。

推荐指数：★★★★★

（指导老师：吴伟云）

学生作品三：

不寻常的路——九二一路

湛江经开区第四小学三（1）班　颜子森

傍晚，在爸爸妈妈的陪同下，我走了一条不寻常的路，为什么这么说呢？因为这是我长大以来，第一次去的最具有历史意义的一条路。

我们从海滨大道出发，一路上风景如画，我却迫不及待地想要快点到"九二一路"，看一看这条我从未见过的路。

终于到了，爸爸停好车，指着一个牌子告诉我，这就是"九二一路"。妈妈说，以前"九二一路"叫"中国大马路"，历史上1945年9月21日，在湛江的"中国大马路"举行日本受降仪式，为纪念这一历史事件和庆祝湛江重回祖国怀抱，才改名为"九二一路"。

我们沿着道路一侧慢慢地走着，一路欣赏两边的景色及商铺，我发现了另一侧的一栋洋式故居。妈妈告诉我，这是陈明仁将军的故居，房子从结构上看，很像飞机头，听说人们把它称为"飞机楼"。妈妈和我说，陈明仁将军是一位了不起的将军，对湛江做出了很大的贡献。

"九二一路"的历史我铭记了。如今它很繁荣，因为这是先烈们用血汗换来的，所以我们要铭记历史，好好学习，为祖国的发展尽自己一份微薄之力！"九二一路"是不寻常的，因为它承载着这座城市的艰难与辉煌的历史，我坚信随着祖国的发展，它一定会变得更加美好。

路名：九二一路

位置：湛江市赤坎区九二一路

寓意：为纪念抗战胜利，湛江市政筹建处将赤坎原"中国大马路"易名为"九二一路"。

作用：这条路名沿用至今，见证了日本在湛江投降的历史。

喜欢指数：★★★★★

（指导老师：唐红梅）

（二）班级文化建设

将明理教育的载体——"路"作为班名，学生得以在日常的班级文化中沁润熏陶。

本校的班级名称有：心路班、星路班（英雄之星）、砥路班、驿路班、出路班、骥路班、探路班、鸿路班、弘路班、毅路班、引路班、路标班、路灯班、石路班、一路班、同路班、开路班、育路班、路育班、明路班、新路班、才路班、学路班、达路班（个个是小达）、慧路班、趣路班、乐路班、敏路班、书路班、习路班、涵路班、智路班、博路班、雅路班、爱路班、礼路班、名路班、能路班、志路班（立志追梦）、夯路班、悦路班、愉路班、怡路班、辨路班、问路班（学习探究）……

环境熏陶，滋养心灵

环境文化是一本主题鲜明、内涵丰富、形式多样的无声教科书。"让每一堵墙都能说话，让每一个角落都能达意，花草树木都能传情。"是我校环境文化的特色，尤其是我校基于明理教育理念下"路"的特色班级文化。它如春风化雨，润物细无声，实现环境熏陶人。每个班级均以"路"为班名，对班级文化建设进行创新布置。每个班级都布置有"国学角"用以展示学生默写的、创作的国学作品，"我是明理小达人"专栏对每位学生每周一评比，以及"校园生活"和"背诵能手"等。当学生进入教室，都会被班级文化所感染，努力向前，走明理路，做明理小达人。

明理教育的"路"不单单存在于教学中，也是不同的班级文化、不同的教育活动，以及明理教育下独有的教育特色和素养在新时代教育环境中形成美好四小校园的最大公约数，是形成明理课堂、明理课程、明理教师、明理少年、明理家长五位一体的教育维度。

四、融合教育

（一）融合教育与明理教育的联系

融合教育是世界各国特殊教育发展的基本方向，并逐步扩展至教育体系整体变革的范畴。我国自20世纪80年代起开始进行残疾儿童进入普通学校随班就读的试验与推广工作。这是我国特殊教育工作者基于具体国情的探索，也是对国际融合教育的本土化回应。随班就读的实践特点是国际性与民族性并存，它既直接受到国际特殊教育理论的影响，又充分考虑到我国的社会文化、经济、教育等实际条件。随班就读经历从无到有、从低质到优质的艰难发展过程，彰显出中国特殊教育工作者理论创新的勇气与智慧。党的十八大提出"支持特殊教育"，特殊教育发展不断加速。两期特殊教育提升计划的发布与实施，进一步明确了全面推进融合教育的目标以及构建支持保障体系的重要举措。党的十九大提出"办好特殊教育"的宏伟目标，推动特殊教育进入提质增速的发展"快车道"。党的二十大报告明确提出强化"特殊教育普惠发展"，办好特殊教育不仅是建设教育强国的应有之义，而且对于建设社会主义现代化强国具有独特的战略意义。新时代背景下，我国融合教育更是迈向"公平与质量追求"的内涵式发展。2022年伊始，国务院办公厅转发教育部等部门《"十四五"特殊教育发展提升行动计划》，要求各地加快推进特殊教育高质量发展。

融合教育是能够满足所有学生教育需求的一种教学理念，在这一理念基础上，无论学校的性质是什么，无论学生的能力有什么差别，学校都应该无条件地接收所有学生。并且学校不应以学生的身体、智力、语言或者其他缺陷为理由将这些身体残缺的学生拒之门外，也不应以民族、性别、年龄以及地区等因素而限制学生入校。同时在融合教育中，学校要注重这些身体有残缺的学生跟集体之间的合作，要根据特殊学生进行课程调整，除向特殊学生提供特殊性的教育，也要向其提供和普通学生一样的课程教育，改善有残缺的学生的心理障碍，切实提升他们的社会适应能力，并积极鼓励他们与普通学生进行互动，从而形成良好的人际关系，为将来顺利融入社会打下基础。

"明理教育"是湛江经济技术开发区第四小学基于学校的地理位置、原校名和立德树人教育的根本任务提出的教育理念。"明理教育"遵循儿童身心发展规律，围绕"明德理—明学理—明事理"的目标，通过"读书悟理、课程习理、课堂辨理、行动践理（体验）"的培育途径来实现"明理启智→敏学笃行→弘毅致远"，体现了"明理教育"的方向性、动态性、过程性、结果性和教育性。学校实施"明理教育"，让教师以文化人、以德育人，引导学生做到明大德、守公德、严私德，做"明理儿童"。"德"是一个人成长的必备品格，"才"是一个人应具备的关键能力。读书明理、行动践理，学校将采取诸多有效措施实施明理教育，让"理"的种子在学生的心中生根、发芽，让"理"陪伴学生健康成长。学校通过"明理教育"，实现育德健体又育才的目标。

基于融合教育的视角，立足于湛江经济技术开发区第四小学"明理教育"理念，依据我国特定的社会文化与随班就读实践经验，从特殊学生在普通学校就读的现实个案出发，探索具有可行性、针对性的德育策略，为我国本土融合教育理论建构与实践推广提供借鉴。

（二）融合教育与明理教育结合的研究意义

1. 融合教育与明理教育结合的理论意义

通过对本校融合教育个案中德育策略的研究，为其他小学开展融合教育提供实证参考。通过个案分析，探讨了我国在目前的情况下，小学开展融合教育的可行性和艰巨性，有助于让更多人了解有关融合教育的认识，从法律政策、机构设置到幼儿园行政支持、教学策略的构建；有助于克服学前融合教育发展的盲目性，使其走向一个更为健康的方向。

2. 融合教育与明理教育结合的实践意义

融合教育下的课堂教学是我们面临的一个新的课题，只有全体教师在实践中运用有效的教学策略，才能使我们的教育真正面向全体。融合教育对普通教育提出了更高要求，它需要人们改变陈旧观念，调整教学方法去满足所有身体有残缺的人的需求，这对我们是一种巨大挑战。现阶段，普通教育机构在实施融合教育过程中遇到不少问题，由于缺少相关的理论指导与实践经验的借鉴，教师从观念层面上升到实践层面还存在着不少困惑。通过探讨融合教育中德育实施情况，能够发现在实践过程中存在的问题，结合本校"明理教育"理念探索出可行的德育策略，促进特殊学生在融合教育环境中得到更好的发展，从而推动融合教育的发展。

（三）个案典型行为表现及分析

1. 注意缺陷多动障碍

泽泽同学在开学第一天上课时，对老师的课堂指令表现反应略有迟钝，张着嘴巴用困惑的眼神望向老师，老师重复了一遍后他反应了一会儿再次向老师询问同样的问题："老师，是翻开第1页吗？"这时教室里的其他同学回答了他，他这才停止了提问。不一会儿，他又向坐在他位置后面的另一个男生那里望去，看了一会儿身体便不由自主地向后面男生走过去，开启了好奇的聊天询问模式。当他注意到老师的眼光在关注他此时的行为时，他站在原地呆呆地看着老师，不讲话。

研究表明，多动障碍的儿童在注意力方面是有缺陷的。在上述案例中，泽泽对老师的课堂指令反应迟钝，说明他的听觉语言只存在短时记忆，心理转换过程的灵活性极差。同时又对周围事物好奇心强，容易被外界事物的色彩、声音所吸引，自控能力弱，目的性差。

2. 语言交流障碍

开学时，劲劲妈妈带着劲劲进入班级，老师与他打招呼"劲劲好"，但劲劲没有看老师，而是面无表情地看着其他地方，老师想和他牵手或是拥抱时他也会躲闪逃避。上课时，劲劲听到自己喜欢的内容就开始"啊啊啊"地叫，从座位上离开跑向讲台，甚至出现用手打老师的行为，同时也无法用语言准确、清晰地表达自己的需求。

交流分为言语交流和非言语交流，劲劲的语言发育比较迟缓，当老师用语言和劲劲交流时，劲劲没有回应。当他自己有需求时又不能用语言表达且对老师的非言语交流表现出排斥，因此存在明显的交流障碍。

3.社会交往障碍

户外活动时，浩浩小朋友独自离开集体躲在了活动室的器械柜后面，当老师找到他时，他立刻起身离开，不愿老师接近他。当小朋友拿着玩具找他一起玩游戏时，浩浩没有回应且独自走开。离校时，浩浩躺在地上抱住小朋友的脚，当老师将他抱起引导其坐在同伴旁边的椅子上时，他又再次躺在地上用头蹭同伴的脚，同时脸上露出愉悦的笑容，但同伴已被他的行为吓得哭闹和尖叫。

研究表明，孤独症儿童在社会交往方面有着实质性的缺陷。在上述案例中，浩浩面对同伴的呼应消极回避，而且会独自躲起来不参与社会交往活动。当他主动与同伴互动的时候，又因为不懂得交往规则和方式难以和同伴建立友谊。

（四）明德理理念下的融合教育发展策略

融合教育主张将有特殊教育需求的学生纳入普通教室中，因此学校面对新的教育对象需要改变原有的教育目标，将特殊学生融入正常的学校和班级生活的环境中并能正常参与社交活动纳入教育行动的思考中，由原先的为部分儿童提供教育，转变为为所有儿童提供高质量的教育。再结合本校"灵动开放、共情启慧"的教风，本校制定了以下几项融合教育发展策略。

1.确保与有特殊教育需求学生相适应的硬件配套设施

学校相关人员应综合考虑专门化、人性化、服务化三个方面，切实解决好学生生活和行动诸多不便问题，为后期的教育教学扫清障碍。

2.尽力回避该类学生的特殊性

学校和老师面对全体学生时应淡化或隐藏有特殊教育需求学生，将其特殊性引导到儿童个性和独特性的特质中来，消灭差别对待和排斥心理，营造出平等、接纳、包容、合作、团结的良好校园风气。

3. 制定随班就读实施细则

细则致力于实现特殊教育和普通教育实际结合的发展目标，例如将该类特殊学生纳入正常教室环境中，主张宏观上与正常发展的学生接受相同的教育方式，同时根据学生的特殊性在教室座位编排以及学习内容和学习方法的选择上予以综合考虑，从而最大化地挖掘特殊学生的发展潜力。另外，还要针对特殊学生可能出现的紧急情况制定多个应急处理预案。细则的实施有利于明确本校融合教育的发展内容和方向，从而更好地引导和约束教师的教育教学行为。

4. 为特殊学生提供强有力的同伴关系

同伴关系主要指同龄人或者心理发展水平相当的个体之间在交往过程中建立和发展起来的一种人际关系，对儿童和青少年的社会性发展具有至关重要的作用。因此，学校应注重发展好特殊学生和普通学生之间高质量的人际关系，通过教学过程中合作学习以及学校实践活动，积极消除差别性和歧视心理，提升他们的人际交往能力和社会适应能力。

5. 加强教师融合教育理论学习及师德师风的培养

教师是融合教育的主要实施者，对特殊学生的态度以及教育教学方法、对学生人格塑造和自信心的培养至关重要，因此教师必须对融合教育持有积极态度，并且具备相当的技能和专业知识，才能够成功地实施融合教育。因此，学校应做到以下几个方面：

（1）积极利用网络和讲座等手段宣传融合教育，降低教师对融合教育的陌生感和抵触感。

（2）组织教师观摩优秀的教学案例并对其进行分析研讨。

（3）除了基本知识技能的学习，加强教师责任心的培养，明晰"有教无类"的优秀教育理念，将发掘每一位学生的潜力纳入工作范围中来。

（4）为教师提供多方面的支持，订购融合教育相关教材和辅助设施，邀请相关专家给予专业性的建议。

（5）将融合教育实施成果纳入教师工作评价体系中来，不仅为教师自身发展起导向作用,也能更好地推动融合教育的实践和发展。

第二节 明学理——明理教育指导下的教学与教导工作

教学工作是学校的中心工作,教学质量是学校工作永恒的主题。[①]在小学教育教学中,教师要有目的、有计划地组织教学方案,引导学生掌握科学基础知识,学习各种基本技能,使学生素质全面提高。因此,我校的各级领导、广大教师、学生乃至全体员工,在明理教育的指导下如何围绕教学这个中心,围绕质量这个主题来开展自身的工作,仍然是一项可探讨的重要课题。培养明理教师、构建明理课程、打造明理课堂,是明理教育在教学工作上的重要探索。明学理,不只是让学生掌握学科知识,也是让学生发展能力,学会学习。

一、明学科知识之理

舒尔曼 1986 年发表的《理解者:教学中的知识增长》一文是教师知识研究领域公认的经典之作。这篇文章首次对学科教学知识进行了系统的界定,认为学科教学知识主要包括两层含义:第一,学科教学知识是学科思想最有效的呈现形式,是其最有力的类比、显示、例证、解释和演示;第二,学科教学知识是对一些困难知识的处理技巧,由于不同年龄和不同背景的学生对学习内容持有不同的概念和前概念[②],所以,教师需要具备帮助学习者理解困难知识的能力,需要有不断学习的能力。

(一)明学理的教师

习近平总书记在谈到教师职业时强调,教师重要就在于教师的工作是

---

① 陈耀坤. 以教学为中心,全面强化质量意识 [J]. 中南民族学院学报(人文社会科学版),2000(04):100-102+105.

② SHULMAN L S. Those who understand: knowledge growth in teaching[J]. Educational Researcher, 1986(2):4-14.

塑造灵魂、塑造生命、塑造人的工作。随着科技的进步与社会的发展,学生的求知需求也在改变,教师为适应社会发展应不断提高自身教学能力与业务水平,时刻富有创造力,真正肩负起"教书育人,培养社会主义事业建设者和接班人,提高民族素质"的使命,因此这就需要教育行政部门立法保障教师继续教育的时间。根据《中华人民共和国教育法》和《中华人民共和国教师法》,制定《中小学教师继续教育规定》,规定了"参加继续教育是中小学教师的权利和义务""中小学教师继续教育原则上每五年为一个培训周期",有利于提高中小学教师队伍整体素质,适应基础教育改革发展和全面推进素质教育的需要。

明理教育以我校教师专业发展的实际需求为导向,以学生的发展和教师的专业化成长为宗旨,以学校教育教学面临的实际问题,特别是以解决课堂教学实践中存在的问题为出发点,以提高教育教学质量和学校的可持续发展为目的,着眼于教师队伍综合素质、专业水平的提高,立足校本,面向学生,聚焦课堂,多向反思,特色发展。

1. 教师研修目标

为完善以校为本的教学研究机制,加快教师个人的专业成长,提升学校办学的理念与品位,为每一位师生全面而具个性的发展搭建良好的平台,使明理教师完成从入理(合格)—辨理(骨干)—升理(名师)三个层次的深入转换,确定了以下目标:

(1)提升新教师的综合素养,增强自我学习能力和自我发展的能力,帮助新教师制定好个人三年发展规划。

(2)使新教师掌握现代教育理论和方法,引领教师成长。

(3)理解师生关系对于学习的影响,对自身教师魅力的形成有初步思考。

(4)体会教育名著的魅力,产生阅读兴趣,初步形成阅读习惯。

(5)能设计本学科学期教学计划、单元教学设计和课时教案的基本结构。

(6)了解教师生涯发展的主要路径,对自身教育生涯形成现实而乐观的期待。

（7）在教案讨论过程中体验集体备课和教研的乐趣与意义。

（8）实现教师专业发展的可持续性，形成教师自主学习的自组织机制。

2. 教师研修内容

（1）培养专业情意

教师的专业情意是指教师所具有的人格修养、专业理想、专业情感、专业兴趣、专业性向、专业伦理等非智力心理因素。以上心理因素外显为教师的职业道德行为。

（2）积累专业知识

本体性知识（教什么），指教师应具有的特定的学科专业知识，主要包括课程标准、学科教材、试题分析、学科发展前沿、学科方法论、学科课程资源的开发与利用等内容，它是教师胜任岗位工作的基本保证。教师要具有丰富的学科知识，它是教学活动的基础。

条件性知识（怎么教），指教师从事教育教学活动所需要的教育学和心理学等方面的知识，主要包括现代课程与教学理论、学习理论、学科教学论、教育心理学、心理健康教育、现代教育技术、教育评价学等内容，它是教师教育教学成功的前提。学科教学知识是区分教师与一般知识分子的一种知识体系。学科教学知识就是把"内容"和"教学"加工重组，糅合在一起，变成一种易于理解的问题情景，使其具有"可教性"。教师考虑的不只是学科本身，而要把学科内容与儿童的经验、成长等因素联系起来，也就是要把学科教育学化、心理化。

实践性知识（怎么做），指教师在教育教学活动中处理各种情景与问题的经验和智慧，它是教师有机组织起来的教学程序、策略和方法，是关于决策、执行与控制的行动艺术，是由教师个人的经验和体验所丰富、补充、充实、支撑、建构起来的个性化知识。往往难以言传，只能靠个人心灵的顿悟或渐悟。它是教师提升教育教学水平的生长点。

发展性知识，是指教师在本专业以外具有的学识水平和文化底蕴，主要由人文艺术知识、科学技术知识、社会阅历和生活经验、个人兴趣与爱好等构成，它是教师形成教育教学特色与风格的坚实基础。教师只有汲取了人类文明的丰富营养，才能厚积而薄发，让学生在课堂上真切体验新课程的人文追求。

总之，专业知识是教师专业成长的基础。"学者未必为良师，良师必为学者。"

（3）磨炼专业能力

主要有八大能力。教学设计能力：主要包括课程标准解读、教材解析与资源重组、学情分析、创新教学设计等方面的能力。教学实施能力：主要包括创设情境、指导学生开展自主合作探究学习、师生和谐沟通、处理生成性教学资源、信息技术与学科整合、预见与解决教学突发事件、设计课堂练习与布置作业、教学辅导以及本学科教学特殊能力等方面的能力。教学评价能力：主要包括对学生的过程性评价、阶段性学业成效评价、教师之间的观课议课等方面的能力。教研和科研能力：主要包括捕捉并研究教育信息、提出课堂教学中存在的问题、开展基于问题的研修、撰写研究报告等方面的能力。课程开发与资源整合能力：主要是以"明理教育"为载体进行各种校内外课程资源的开发与整合。班主任工作能力：主要包括思想道德教育、班级管理的改革与创新、心理健康教育等方面的能力。其他基础能力：主要包括语言能力、书写能力、教育技术应用能力、心理调控能力、人际交往能力、合作能力等。自我发展能力：主要包括职业角色认知、自我反思、终身学习、提升教育智慧等方面的能力。

3. 教师研修的主要形式

新教师校本研修主要是基于每周的教师例会和每周的科组活动，为此，结合学校的教研活动等来开展研修和培训。

（1）讲座论坛——基于教师素养的研修形式

思想引领；理论讲座；文化认同；痛点研讨；头脑风暴；问题破解等。

（2）实践反思——基于自我反思的研修形式

集体备课；示范观摩；听课评课；同课异教；微格教学；案例分析等。

（3）团队合作——基于同伴互助的研修形式

以老带新；结对互助；教研活动；专题沙龙；兴趣小组等。

（4）校际协作——基于校际联动的研修形式

对口支教；影子培训；项目合作；基地活动；校际结对；区域联盟等。

（5）教学指导——基于专家引领的研修形式

专题讲座；技能训练；案例点评；咨询诊断；交流研讨；名师工作室；教学竞赛等。

（6）网络互动——基于信息技术的研修形式

专题课堂；校园网站；专题论坛；公众号；主题空间；博客写作；微信群交流等。

（7）课题牵动——基于实际问题的研修形式

专题（课题）研究；论文撰写等。

遇见更好的自己
——明理教育引领我成长

湛江经开区四小　梁思敏

11月18日，一个特别的日子，第七届广东省班主任专业能力大赛落下帷幕，幸运的我荣获了小学组"成长故事叙述"单项一等奖，"主题班会设计"单项一等奖，综合二等奖。回顾这一路走来，我的心里感慨万千。

席慕蓉说过，青春是一本太仓促的书，当所有的泪水都已启程，却忽然忘记了那是怎样的开始。而我永远记得那是一个怎样的开始——"你是怎么当老师的，孩子不听话，你不哄着居然批评他，我要去告你，你给我等着……"我的教师生涯就是这么"不平凡"地开始了。因为学生之间的小误会，家长指责我教育不当，闯到教室内，对我一通谩骂。这突如其来的状况，让我生气，委屈，怀疑。我从大学校园带着满腔热情走上教育的道路，这就是回报吗？

幸好我遇到了林校长，他提出的"明理教育"理念，让我有了深刻的思考。要散布阳光到别人心里，先得自己心里有阳光，我心里重新认识了教师这份职业，明白了肩上的责任。"不平凡"的起点，在"明理教育"的引领下，我的教育之路走得顺利了些、快乐了些，在做班主任的第一年就被评为"优秀班主任"，接着参加了区级、市级班主任专业能力大赛均获得一等奖，并代表湛江市参加省赛获得佳绩。

与其说那是一场比赛，不如说是一场修行。在准备班主任技能大赛中，林校长召集我们开会，成立导师团，利用"明理教育"理论体系，从案例、班会设计、情景答辩、成长故事等对我进行全方位的指导。林校长对全科知识和传统文化的深入解读感染了我，从"学高为师，身正为范"到"正己化人"，让我对教育的认识有了新的提升。赛前林校长给我发信息：忘掉名次，注意细节，享受其中！我享受了过程，收获更多的是温暖和感动！

在这场修行中，我遇见了更好的自己。从教六年来，我发表了多篇论文；主持省级课题一项；语文课例《风筝》获湛江市一等奖；微课《口语交际：打电话》获省三等奖；被评为湛江市优秀少先队辅导员、经开区优秀教师、湛江市优秀班主任。

梁思敏老师在明理教育的指导下一步步成长，深深受益于林文智校长提出的明理教育理念，在她踏上讲台后，不仅教学上突飞猛进，硕果累累，科研中也不断丰收，获得了可喜的成绩，最终成为一位明理教师。

（二）明学理的课堂

要实现"育德育才"这一目标，离不开课堂主阵地。具体而言，要让学生在课堂上通过话题、辩论、研讨、表演等方式，培养学生"明理笃行，弘毅致远"的优秀品质。明理教育理念认为，小学教学需要鲜活灵动的课堂，激发学生学习兴趣，爱护学生好奇心，引导学生学习，让学生回归生活，体验生活，拥抱大自然，让学生爱上学习，发挥学生的主体作用，注重个性张扬。因此，教师要多一份灵敏、跃动，为学生提供灵活、丰富的多元学习空间，构建灵动的课堂，拓展学生的思维，更好地激发学生潜在智能，促进学生个性发展。

以下案例来自林文智校长的明理小学数学课堂。

学生真的懂理了吗？

偶然和几位五年级学生对话——

"你知道长方形的面积怎么求吗？"

"长乘宽啊，谁不知道！"

"为什么用长乘宽呢？"

"这又没有考！"

"老师好像也没有说为什么吧。"

同样的问题再问一位研究生毕业的同行，也是满脸尴尬："是哦，为什么是长乘宽，这个问题我的老师也没有讲过啊。"

后来，有机会观摩了几节"长方形的面积"的课，课堂中师生很快地推导出长方形的面积公式，然后用大量时间进行各种巩固练习。

学生牢记公式，熟练应用，教师胸有成竹，教学过程流畅，整个课堂一派祥和，皆大欢喜。

课后访谈时，多数执教教师认为，这节课知识点简单，比较好讲，学生也比较容易掌握。

回想起之前的对话，我陷入思考：这节课真的好讲吗？学生真的理解长乘宽的道理了吗？上完这节课后，除了公式，我们又给学生留下了什么？数学是一门讲道理的学科，数学学科的定理、法则、算理等知识的产生、发展及每个规则的确定都蕴含着深刻的数学道理。

数学课堂应重视知识的形成过程，利用学生已有的生活经验、知识基础、认知结构，以有效活动为支撑，通过问题引领、对话交流、思辨提升、追根溯源，引导学生挖掘隐藏在数学知识背后的那些深层次的数学之"理"，从而促进"数学理解"，活化"数学思维"。

1. 唤醒生活经验，在讲理中生长新知

在运用减法的性质进行简便计算时，学生总会出现类似于"100－（45+15）=100－45+15"这样的错误，究其原因是学生不明其理，去掉括号后引起计算方法混淆。

其实学生在现实生活中购物时已经有了类似的生活经验，可以利用这个经验发现和讲清算理，可以把原题改变成类似的购物情境：

"买一个45元的书包和一个15元的文具盒，付了100元，该找回多少钱？"并提出问题："如果是你，你会怎么付钱？"让学生通过模拟现实中"付款、找钱"的过程，发现如果两个物品同时付款，那么给100元，营业员找回40元；如果先买书包，再买文具盒，那么应该先拿走45元，再拿走15元。

这时学生就发现等式左边求的是两个物品的总价，再求找回的钱，即买两个物品后剩下的钱，可等式的右边表示的却是先求买了书包剩下的钱，再添上文具盒的钱，等式两边意义不相同，所以"100-45+15"这样计算是错误的，而应该是"100-45-15"。这样依托购物情境，唤醒学生的生活经验，让学生讲清"先加后减"以及"先减再减"的算理。

利用生活经验与数学知识对话，讲清算理，让"生涩难懂"的数学道理变得"熟悉亲切"，学生就比较容易掌握其中规律进行简算。

2. 设计有效活动，明晰知识产生之理

"小数的初步认识"一课，很多教师认为这一知识建立在学生已有的生活经验之上，不需要怎么教学生就会了，导致学生学习后仍对小数的认识不深刻，对小数说不出个所以然。课到最后，学生仍存在困惑："我们都学习了整数，为什么还要学习小数？"

为此，国外的一本教材中设计了这样一个数学活动：剪一张长方形纸条，用它测量教室中不同物品的长度，尽可能测量得准确一些。

这个活动立足于小数产生的源头——度量，在测量过程中，学生发现仅用整数来表示物品的长度是不够准确的，需要将纸条再划分成若干份，有学生分成2份、3份……有学生分成10份。无论采用哪种分法，学生都感受到了引入新数的必要性。

数学知识的产生立足于前人及学者的经验积累之上，是各种生活及数学活动的产物。要引导学生自己寻求知识产生的起因，探索与其他事物的联系，让孩子们在形式多样的学习活动中感悟，明晰知识产生的道理，促进有效学习。

3. 经历抽象过程，领悟知识形成之理

抽象是数学最基本的特征，它舍弃了事物的其他方面而仅仅保留数量关系和空间形式。由于儿童尚处在从具体形象思维到抽象逻辑思维的过渡阶段，对抽象的数学概念、规则尚不能完全理解，因此，要让学生经历知识的形成过程，借助自己的经验不断"数学化"，逐渐抽象形成数学知识。

例如，开头提到的"长方形的面积"一课，教师往往围绕"长方形的面积＝长×宽"这一公式展开，结果课到最后，学生依然存在困惑："为什么长是长度，宽也是长度，它们一相乘，就变成面积了呢？"

为此，在教学中，教师可以依次提供如下四个图形，让学生经历从数格子到不数格子的抽象过程，由借助方格图得到长方形的面积，到直接给出长和宽的长度，发现长与每行的个数、宽与行数之间的关系，从而领悟长方形面积公式形成的道理所在。

4. 沟通已有认知，在辨理中把握本质

教学"小数加减法"这节课时，在学习这部分内容之前，学生在以往的学习中积累了关于人民币计算的知识，且已经掌握了整数加减法以及能进行简单的一位小数加减计算。所以新课伊始，教师创设了微信抢红包的情境：

"我女儿收到了两个红包，算算一共多少钱？"

学生说算式 135 + 54，教师在黑板上板书出竖式①。

"老师也收到了红包，算算老师一共收到了多少钱？怎样列竖式？"学生出现了②、③两种不同的算法：

学生比较竖式①和②时，马上发现竖式②错了。教师说："竖式①末位的 5 和 4 对齐了，竖式②末位的 5 和 4 也对齐了，没错。"

此话一出，立刻引起了学生的反驳："1.35 元加上 5.4 元不可能是 1.89 元，竖式②肯定错了！""竖式①末位的 5 和 4 都表示元，可以对齐，竖式

②末位的5和4表示的不一样,不能对齐。"

教师追问:"竖式②末位的5和4哪儿不一样呀?"

学生:"5表示5分,4表示4角,不能相加!"

教师继续追问:"为什么不能相加?"

学生水到渠成地回答:"单位一样才能相加。""要像竖式③一样把小数点对齐了,才是对的。"

教师追问:"为什么要把小数点对齐呢?"

学生:"小数点对齐就能把十分位和十分位对齐,百分位和百分位对齐。""个位上是1个1加5个1,十分位上是3个0.1加4个0.1,百分位上就只有5个0.01。"

通过对比整数和小数的算法,学生总结得出:"不管是整数加法还是小数加法,都要把相同数位上的数相加。只不过整数加法表现为末位对齐,而小数加法表现为小数点对齐。"

这一过程,联通了整数与小数加减法之间的脉络,通过比较、沟通、思考、内化,由点及面,让学生在说理中比较,在比较中凸显对"相同单位"的认识,充分挖掘"相同的计数单位才能相加减"这个算理的本质,形成对"小数点对齐"的计算规则的深刻理解。通过将学生储存的知识调动起来,与新接触的内容相印证,这样的辨理过程让学生不仅能知其然,还能知其所以然,让学生深度理解知识,直达知识的核心。

5. 联结知识结构,在明理中构建体系

数学知识结构既有知识发展的纵向逻辑线索,又有不同内容和方法之间横向的实质性联系,它是具有逻辑性、系统性的整体性结构。在教学中不能纯粹为教知识点而教知识点,而应通过对比沟通、深入思考、有效对话,在头脑里形成系统化、结构化的数学知识体系,以实现数学知识掌握的举一反三、触类旁通,从而让学生从整体上把握数学知识结构,完成知识体系的完整建构。

例1:

教学"比的基本性质"这节课时,在学习这部分内容之前,学生已经学习了比的意义，知道了比与除法的关系、分数与除法的关系。于是，在本节课教学过程中着重于纵横联结沟通分数、除法与比三者的内在关系，向学生渗透事物是普遍联系的观点。

第一层联结：用结构图阐明三者的关系。

教师首先写出两个数7和8，让学生说说两个数之间的加、减、乘、除的不同关系，当学生说到7÷8时，教师提问："7÷8的结果用分数怎么表示？"根据学生的回答板书"7÷8=$\frac{7}{8}$"。

教师继续追问："像这样两个数相除也可以叫做什么？"由此引出比的意义，随着学生的回答，教师完善板书"7÷8=$\frac{7}{8}$=7∶8"，随着等号的联结，教师对照板书"被除数÷除数＝被除数/除数＝前项∶后项"，紧接着引导学生用"相当于"来说清三者之间的联系与区别，再次对照板书"一种运算""一个数""一种关系"。至此，通过思维导图的联结，沟通并梳理了"除法""分数"与"比"三者之间的关系，显示出了三者"一脉相通"的"亲密感"。

第二层联结：用猜测推理比的基本性质。

根据上述知识块之间的内在联系和逻辑推理，从商不变的性质到分数的基本性质，学生自然而然地猜想到"比"也应该有一个"性质"，通过计算举例验证得到：比的前项和后项同时乘或除以相同的数（0除外），比值不变。这样，通过联系猜测，再到推理验证，比的基本性质就水到渠成，呼之欲出了。

第三层联结：用联想引发比的基本性质的应用。

继续利用构造图延伸拓展，以旧引新。例如：

教师提出问题："分数的基本性质可以用来约分、通分，根据商不变的性质可以把除数是小数的除法转化为除数是整数再进行计算，也可以用来进行简便运算，那么，比的基本性质又有什么实际作用呢？"

有的学生就会类比联想：如果前项和后项是小数，可以同时扩大为整数；也可以把前、后项数字稍大的整数比化简。

在学生猜想的过程中，教师让学生举例来说明，使自己的推理更有说服力，紧接着就紧紧扣住"化简"这一思路，引导学生共同探究"化简比"……

以上环节，紧紧围绕"联系"来组织教学。纵向联结式子、概念、应用，横向联结分数、除法、比，三横三纵三次沟通，引发了学生猜测和验证，不仅完成了本节课的核心目标——比的基本性质和应用，而且在这个过程中让学生将一个个知识"点"连接成"串"，形成知识"链"，进而构成牢固的知识"网"。并在有理有据地对知识系统的总结、消化、提炼和升华的过程中，做到优化数学知识结构，完善学生认知结构，构建完整的数学知识体系。

例2：

除法应用题的"万能公式"（数理一样）：

每份数 × 份数 = 总数量

如，倍数应用题、路程应用题、归一应用题、比例尺、分数乘除应用题等（举例子）。

6. 凸显实践价值，感受知识应用之理

讲道理的课堂中，仅有数学程序性知识的学习是不够的，还要把这些程序性知识应用到实践中，成为学生的思维工具，感受数学知识的应用之理。例如：

教学"比的认识"，教师在课的最后出示生活中砌墙常用的红色黏土砖，让学生度量其长、宽、高。在告知我国标准黏土砖的尺寸为240 mm×115 mm×53 mm后，追问："为什么砖头的长、宽、高要确定为这个标准呢？"

在学生的认知中，砖头的长宽高的长度就是规定的，这还能有道理吗？当学生认真去探究这一尺寸规定的道理时，他们就会发现：

标准尺寸240 mm×115 mm×53 mm加上砌筑用灰缝的厚度8—10 mm，这样一来，砖的长、宽、高之比就为4∶2∶1。按照这个比例，在砌墙的时候，工人师傅就可以根据所砌墙体的不同厚度，横竖交替地摆放砖头，且保证砖头之间不留空隙,让墙平整而又牢固。

这一探究过程,把课内的数学知识延伸到课外,学生学会从数学的角度运用所学的知识和方法解释生活中的现象,感受数学知识在生活中的合理应用。

讲道理的策略还有很多,但是归根结底,教师首先要提升自己的专业素养,设计有效的教学策略让学生明白道理。在课堂教学中,要留给学生充足的时间和空间,让学生在讲道理中理解知识本质,促进学生真正地掌握知识、驾驭知识,发展思维,增强能力,使学生在"讲道理"中发展学科综合素养。

7.关注高阶维度,培养学生思维进阶

为什么学生的高阶思维建立不起来?这是一个重要的教育话题。长期以来,教师对学生思维的培养不够重视,课堂教学还是以"知识"为本位,教师基本是进行"灌输"或"填鸭"式教学,学习方式单一,学生死记硬背,课堂教学处于低阶思维水平上。如果一节课全是低阶思维活动,那么学生的参与度和发展度肯定不够,学生的核心素养怎么能得到落实呢?因此,在课堂教学中,要关注学生思维的层次性,关注思维的进阶,特别是高阶思维,让学生在活动中绽放思维,张扬个性,实现在培养学生低阶思维的同时,让学生的高阶思维也得到很好的发展。

低阶思维主要指的是记忆、理解、应用,高阶思维指的是分析、评价、创造等能力。思维的品质之一就是思维的独立性,其表现为一个人能够独立地进行思考和评价,创造性地去认识现实,寻求解决问题的新途径和新方法,从而提出新的解释和结论。与思维的独立性相联系的是思维的批判性。思维的独立性和批判性是创造活动必须具备的智慧品质。由此可见,高阶思维不是靠教师"灌"出来的,而是学生通过自我建构、深度学习才产生的。因此,作为教师应该聚焦思维的高阶维度,改进自己的教学方式,在培养学生低阶思维的同时必须努力发展高阶思维。

例如,在教学五年级《分数的意义》之后,教材有这么一道题:$\frac{1}{3}>$

( ) > $\frac{1}{4}$。请看不同老师的不同教学方法。

教师A：直接照本宣科地"灌输"

师：同学们，这道题分母不同，我们要先通分是吧？也就是"$\frac{4}{12}$、$\frac{3}{12}$"，不行！继续通分，就是"$\frac{8}{24}$、$\frac{6}{24}$"，这样就可以找到答案"$\frac{7}{24}$"。

这样的"灌输"，学生会主动去尝试和深入思考吗？学生的思维会灵活吗？

教师B：带领少数学生的探究

师：同学们，这道题怎么做呢？谁来说一说？（根据学生的回答，教师板书通分后的"$\frac{8}{24}$、$\frac{6}{24}$"，填入"$\frac{1}{24}$"）除了"$\frac{1}{24}$"，还能填什么？（有学生说通分到48，就可以填出2个，教师又板书）还能填什么？（有学生说分母是240、24000……教师借此让学生理解可填无数个）

这样的教法只有部分优秀学生的思考和回答，方法单一（通分法），学生经历的思考和探究并不充分，课堂的主动权并没有真正还给学生。

教师C：寻求思维方法的多样

师：同学们，自己开动脑筋，想一想、写一写吧！（待很多学生都想出了一种方法后，教师继续提醒：再想一想还有其他方法吗？然后同桌交流一下）

师：谁能上台来介绍各自不同的方法？

生1：展示"通分法"，教师结合学生的回答追问，引导学生理解有无数个答案。

生2：展示"分子扩大法"（如分子都化为2），教师追问，引导学生理解有无数个答案。

生3：展示"化小数法"（将两个分数化为0.333……和0.25，从它们之间找答案），教师肯定这种"转化"的思路，答案同样有无数个。

在这当中，学生不仅深刻且较全面地建构了知识，还充分经历了方法多样化的过程，增强了对思维灵活性的体验。

教师D：关注学生思维的发展

教师C的教法可以说不错，不过教师D的教学方式更加关注了学生思维的发展性。

师：同学们，你们已经想出了三种方法，还能想到不一样的方法吗？（D在备课时预设了在C基础上的教学跟进）

学生再次深入思考和探究。新方法出现了——"分母取小数法"。例如，分母取3.5，分子是1，也就是$\frac{1}{3.5}$，再化成$\frac{2}{7}$。其他学生受到启发，纷纷想到分母只要是3和4之间的小数都行，有无数个答案。

显然，教师D的教法比C更有深度。不但多了一种解答方法，还关注了学生思维的发展（此处所体现的是求异、创新等高阶思维）。

教师E：聚焦内在知识的联系

教师E就"分母取小数法"再进一步挖掘，于是在D的基础上又进了一个层次。

师：观察$\frac{1}{3} > \frac{2}{7} > \frac{1}{4}$，有什么发现吗？（学生发现1+1=2，3+4=7）

师：这太妙了。这种方法还适用其他题目吗？（学生意见不一，教师让学生猜想，举例验证）

展示：$\frac{1}{4} > \frac{2}{9} > \frac{1}{5}$、$\frac{1}{2} > \frac{2}{5} > \frac{1}{3}$等，学生发现都适用。

学生通过交流讨论，发现这个方法相当于"分子扩大法"——两个分数的分子都扩大到2，分母也随之扩大，而原先两个分母的和正好处于中间。

教师E的巧妙教学跟进，聚焦知识内在的联系，学生的深度思维能力得以绽放。

教师F：深入探究知识的内涵

教师F在前面的基础上又注重了高阶思维的挖掘，让学生寻找知识的内涵。

师：同学们，刚才得到的方法，可以用字母表示吗？

学生很快就得到$\frac{1}{a} > 2/(a+b) > \frac{1}{b}$（a、b是不为0的连续自然数）。

师：同学们还有什么疑问吗？

生1：分子不是1，分母不是连续的自然数，这种方法可行吗？

生2：带分数也可以这样填吗？

生3：这种方法适合所有的分数比大小吗？

……

师：有了猜想，怎样验证呢？请同学们课后继续研究。

这样，学生的抽象思维得以发散和深入，使高阶思维得到发展。

在明理课堂中，教师要采用"生疑—绽思—活用"的进阶教学模式，根据知识的层次性和学生思维的深入性，对学生学习过程重构，通过一定的方法和策略把学习的主动权交给学生，要让学生通过自主地开展建构活动，积极主动地逐步深入学习，绽放思维。为了让学生真实地经历学习知识形成的过程，教师可以通过情境学习、问题牵引、任务驱动等指向高阶思维目标，给学生提供脚手架（台阶），层层递进，步步深入，使学生在分析问题、解决问题的过程中训练自己的高阶思维。

二、明实践研究之理

梁思敏老师是我校青年教师中的中坚力量，在明理教育思想的指导下，她在短短5年的教学生涯中收获颇丰。2022年，梁老师主持的课题《基于多技术融合的小学低段古诗教学策略研究》获得广东省中小学教师发展中心的资助并进行立项。这一课题生成于明理教育的土壤，扎根于经开区四小的明理课堂，由一批优质的明理教师开展教学实践研究，旨在真正实现由传统古诗词教学模式向多技术融合教学策略转变，并形成创新与健康共同发展，提高古诗词课堂教学质量，培养乐学、好学、会学的明理好少年。

（一）研究意义

随着信息化和数字化时代的来临，现代教育迫切需要信息技术与教育教学深度融合。而信息技术2.0时代背景下的大数据、人工智能、虚拟现实等新技术的发展加快了信息技术与教育教学的融合与创新，也为教学模式提供了多元种类与可能。多种技术融合教学是其中最重要的一种互联网的教育手段与形式。古诗学习因其具有辞约义丰、含义深刻的特点，小学生特别是低学段的学生需要在理解古诗词语的基础上培养古诗学习思维，提升感受能力，因此古诗历来都是语文学习的重点。本课题以小学低段学生为研究对象，将多技术融合的古诗教学形成可研究的教学课例资源，利用多技术融合"可视化直观"的优势，在提高学生学习古诗学习效率的同时，也为古诗教学课堂减轻负担，提高教学质量。

（二）研究现状

1. 教育信息化国内外研究现状

从20世纪90年代开始，世界上比较发达的国家都把教育信息化作为促进教育改革的重要手段。也因此，在世界范围内展开了关于教育信息化的理论研究。而在我国，随着教育改革的不断推进，教育领域逐渐开始重视教育信息化。仅仅在数学教学中加入信息技术不能满足教育信息化的要求，还需要我们整合教育与信息技术，来改善教育的内容和目标，改善教学关系和模式，借此推动教育的整体发展，培养全新的人才。教育信息化的发展已经引起了国内外学者的充分关注，做了大量的研究，通过调研大量的文献资料等，可以得到以下的结论：相对国内来讲，国外部分国家在教育信息化和教师信息技术应用能力上的研究较早，而且取得了显著的成效，对国内教育信息化的发展起到借鉴的作用，有利于推进我国《教育信息化2.0行动计划》的发展，走出一条具有中国特色的教育信息化发展路子。

2. 小学古诗教学国内外研究现状

总体来看，关于小学古诗教学的研究资料非常多，可见目前的古诗教学受到了一定的重视，专家学者和一线教师也意识到了古诗教学中存在的问题，并积极地在教学步骤、教学方法、教学形式上尝试寻求新的突破，也有了一定的成效。但在目前的研究中，大部分的研究对象是小学中高年段的学生，对于小学低年级段的研究较少，这说明小学低年级段古诗教学的研究还有很大的研究空间。这些研究多立足于传统的小学古诗教学课堂，只有极少数关注到了信息技术在小学古诗课堂教学中的运用，故将信息技术与小学低段古诗教学相结合,能为小学低段古诗教学的研究开辟新方向,提供新思路。

(三)本项目的总体框架和基本内容,拟达到的目标

本项目总体框架及基本内容如下:

1. 多技术融合与小学低段古诗教学策略研究综述

(1)多技术融合教学研究概述。

(2)小学低段古诗教学策略研究概述。

(3)多技术融合应用到小学低段古诗教学的重要性。

2. 小学低段古诗教学的现状调查与分析

(1)缺乏对小学低段古诗学习的重视。

(2)缺乏运用多技术融合策略进行古诗教学的思想。

(3)缺乏针对小学低段古诗学习直观丰富的教学形式。

(4)缺乏针对小学低段古诗教学的多媒体资源。

(5)缺乏对诗句含义及创作背景的理解与生活共鸣。

3. 在小学低段古诗教学中利用多技术融合策略及方法

(1)教师利用多技术融合实现教学个性化

①利用多技术融合创设情景,奠定基调。

②利用多技术融合丰富课堂活动,激发兴趣。

③利用多技术融合提高教学质量,促进发展。

(2)学生利用多技术融合实现学习多元化

①利用多技术融合自主学习,升华情感。

②利用多技术融合学习重难点,理解诵读。

③利用多技术融合提高修养,认同文化。

附录:

1. 基于多技术融合小学古诗教学情况调查问卷(教师版)

2. 基于多技术融合小学低年级段学生学习古诗情况调查问卷(学生版)

本项目拟达到目标如下：

1. 阶段目标

（1）第一阶段（2022年3月—2022年4月）

①成立项目组后做好成员分工安排。

②制定出项目应用和推广方案，培训研究人员。

③完成项目课题论证和搜集相关文献及整理工作。

④在小型学术研讨会后完善课题研究计划，包括调研问卷设计和调研计划设计。

⑤在教师研讨会后做出课题详细研究计划，以及课题组成员详细的研究分工。

（2）第二、三阶段（2022年5月—2022年12月）

①项目组会议上组织学习相关教学理论，并深入实践研究。

②在信息技术与语文教学融合创新的培训学习中，提高教师们的信息技术教学素养。

③分两个阶段开展"基于多技术融合的小学低段古诗教学策略研究"的行动研究与展示活动，总结课题教学反思，及时向全区各学校推广教学改革成果。

④在活动记录和搜集资料的基础上，撰写教学设计、案例和论文，汇集成册。

⑤检查反馈研究方案后进行阶段成果评估与展示。

（3）第四阶段（2023年1月—2023年3月）

根据实际调研问卷数据，依靠统计方法，进行多视角分析基于多技术融合的小学低段古诗教学策略研究现状。总结国内小学低段古诗教学案例，收集、整理、归纳与项目相关的国内教学案例和推广材料，总结其成功的做法和经验，形成总结性教学策略研究成果，向上级管理部门提交项目总结材料及总结报告，撰写论文及研究报告。

2. 总体目标

本课题将在"双减"政策背景下，严格贯彻执行《教育信息化十年发展规划（2011-2020年）》中提到的全国中小学教师信息应用能力提升工程2.0方案，将课程改革与信息技术相结合，将以学生为主体的思想与培养学生抽象和创新思维相统一，通过针对小学低段古诗教学的行动研究，构建具有符合智慧教育特色的创新型教学模式，分析小学低段古诗教学策略发展的现状、问题和障碍。结合国内小学语文诗歌教学建设的成功经验和教训，有效利用湛江经开区第四小学多媒体技术丰富教师学习能力强的优势，探讨多技术融合在小学低段古诗教学的有效策略，构建具有符合智慧教育特色的创新型教学模式，秉承立德树人的教育核心，达到为教学减负提质、增强学生文化自信的总体教学目标。

（四）拟突破的重点、拟解决的关键问题及主要创新之处

1. 课题拟突破的重点

（1）学生学习古诗的难点在于对部分诗句的含义及创作背景难以理解并产生共鸣。

（2）中国古代诗歌具有广阔的想象空间，学生局限于时间和空间限制，难以产生沉浸感。

（3）传统古诗词教学模式缺乏多元化学习路径，难以挖掘古诗词学习的深度、广度。

2. 课题拟解决的关键问题

（1）拟采用问卷调查及访谈的方式进行统计；明确古诗词教学的需求及教学特点，对古诗词教学的现状进行摸底；通过真实数据和实际资料具体分析古诗词教学的问题及原因所在。

（2）拟采用文献研究的方法，回顾和评述现有的古诗词教学模式及多技术融合教学模式的异同，旨在明确多技术融合教学策略的研究路线。

（3）本课题拟在"双减"政策背景下，将课程改革与信息技术相结合，将以学生为主体的思想与培养学生抽象和创新思维的目标相统一，优化古诗词教学模式和评估方式，构建具有符合智慧教育特色的创新型教学模式。

（4）本研究以湛江经开区第四小学为案例展开研究，旨在从智慧教育

理念的树立、互联网＋智慧教学模式的搭建、数字化教学案例及低年级段教学信息资源库的建设等方面展开论证，从而提出系统的多技术融合课堂孕育模式。

3.课题创新之处

（1）情景更加形象化，有利于激发学生学习古诗词兴趣，易于帮助学生对古诗词创作的背景产生联想和想象，拓展学生创新思维。

（2）虚实相结合，打破时间和空间上的限制，让学生在理解古诗词内涵的同时，感受古代风俗人情和自然风光。

（3）依靠多技术融合手段，搜集学生学习古诗词相关情况，利用数据展开课前学情分析，针对学生学习重难点，开展精准教学，有利于节约教学时间，提升教学质量。

（4）在多技术融合下，课堂教学趋向智慧教育实现路径，凸显古诗词教学学习内容的知识深度、内涵理解的思维广度以及学生体会情感的人文温度。

（五）本项目的研究方法和研究手段、研究计划

1.本项目拟采取的研究方法和研究手段

（1）问卷调查法：本项目将利用调查问卷，了解目前低年级段学生古诗学习的学习兴趣和重难点以及目前小学语文教师在古典诗歌教学中使用的方法，从而对比分析多技术融合用于教学的优势。

（2）文本细读：通过对相关诗歌、传记等文本的细读，深入分析经典诗歌的背景、思想内容和教学要求。

（3）文献研究法：对诗歌内容的历史背景和内涵进行考证，并通过多技术融合力图还原诗歌中的真实场景，增强学生的体验感。

（4）数据分析法：为了让多技术融合真正有利于低年级段小学语文课堂，在完成教学案例设计及课堂实践后，记录其实践情况并对数据进行整合、分析。

2. 本项目拟订的研究计划

准备阶段（2022年3月—2022年4月）

（1）成立项目组，做好成员分工安排。

（2）制定项目应用和推广方案，培训研究人员。

（3）项目课题论证和搜集相关文献及整理工作。

（4）召开一次小型学术研讨会，邀请本地区本领域专家参加并给出相关建议，完善课题研究计划，包括调研问卷设计和调研计划设计。

（5）组织召开两次研讨会，讨论课题详细的研究计划，以及课题组成员详细的分工。

研究推广阶段（2022年4月－2022年12月）

（1）至少召开三次以上项目组会议，组织学习相关教学理论，并深入实践研究。

（2）基于前期文献资料及专家建议，开展两轮以上课堂教学行动研究。

第一轮（2022年4月－2022年6月）由李典、李娇娇、季梦怡老师开展一年级下册语文古诗《小池》教学实践。

第二轮（2022年10月－2022年12月）由季梦怡、梁思敏、梁春梅老师开展二年级上册古诗《望庐山瀑布》教学实践。

针对两轮课堂教学行动研究，重点收集记录课堂上学生学习行为数据，为课堂案例分析奠定基础，力图明确学生古诗词学习重难点并针对实际问题形成具体的教学策略。

（3）每年度组织本校及联合单位教师参加在本区举行的信息技术与学科教学融合创新培训活动两次以上，邀请专家做讲座，提高教师们的信息技术教学能力与水平。

（4）每年度组织本校及联合单位教师外出参加信息技术与语文教学融合创新的培训学习两次以上，提高教师们的信息技术教学素养。

（5）组织开展"基于多技术融合的小学低段古诗教学策略研究"的课例研究与展示活动，向全区各学校及时推广教学改革成果。

（6）做好活动记录，积累资料，撰写教学设计、案例和论文，汇集成册，争取发表。

（7）对照项目研究方案进行检查反馈，进行阶段性成果评估与展示。

总结阶段（2023年1月－2023年3月）

（1）根据实际调研问卷数据，依靠统计方法进行多视角分析基于多技术融合的小学低段古诗教学策略研究现状。

（2）总结国内小学低段古诗教学案例，收集、整理、归纳与项目相关的国内教学案例和推广材料，总结其成功的做法和经验，形成总结性教学策略研究成果。

（3）开展本校案例分析研讨会，收集、整理、归纳湛江经开区四小古诗词教学课堂实践的教学设计、教学反思、录像、课件及问卷结果，总结实践经验，形成具有自身特色的教学策略研究成果。最后，向上级管理部门提交项目总结材料及总结报告，撰写论文及研究报告。

我校高度重视教育科研工作，梁思敏老师作为优秀青年教师，带领学校一批新教师开展教学实践研究，此次研究课堂将多种信息技术融合于古诗教学中，有利于提高教育教学效率，有效落实学科核心素养，提高课堂教学质量，发挥语文学科工具性、人文性的特征，承担母语教学的增效功能，进一步提高学生的语文感知力及学习水平，让学生在诵读古诗中悟理，在学习优秀传统文化中明理。而梁思敏老师也从入门到骨干，从入理到辩理，不断在名师的道路上前行，她以科研的思路去重新审视教育教学过程，发现问题、思考问题，形成解决问题的策略，并通过教育教学实践使其得到验证与完善，从而使教育教学工作逐步向最优化方向发展，同时也使自身的素质水平得到提升与飞跃。

第三节　明事理——明理教育指导下德育与教学相结合的工作

"理"这个字频繁出现于日常生活当中，它可以组词为道理、事理，即事物的内在规律。在古代，儒家思想秉持的是"以理服人"，摆事实讲道理。但旧时的封建制度是中央集权制，统治阶级认为权力掌握在少数人手中有利于巩固自身的地位，所以他们追求的是野蛮与霸权，这时"秀才遇上兵"，有理也说不清。长此以往，这种仗势欺人的不良做法导致"理"在社会当中缺失。如：在日常生活当中我们可以看到一些人因为话不投机，便开始谩骂甚至大打出手；在网络上经常看到知名主播指挥粉丝挑起骂战；在微博上有人发帖，埃及卢克索神庙的浮雕上刻有"丁某某到此一游"，随后，就有网友"人肉"搜索出丁某某的初中信息。因此，"明理"在日常生活当中是不可或缺的。

一、明理阅读

（一）构建阅读机制，开设阅读课程

一个人为什么要读书？从中国的传统文化来说，这是一个重要的老问题。在传统文化中最正确的答案，便是"读书明理"四个字。明理，是先要明白做人的道理。如果要问中华民族，中国人素来的教育目的是什么？让我们再重复一句：是为了"做人"，而不是为了"生活"。因为"生活"的意义，是人要"生存"在这个世界上，设法来维持自己的生命。同时，使人人都有更好的生活，舒适快乐地过一生。这都是在"读书明理"以后，因为"智慧""智识"开发了，就容易懂得了"谋生"的"技术"，和各种有利"谋生"的"智识"，也都属于"读书明理"。明白了"人伦"之道以后，那是当然、必然的事。

苏联教育家苏霍姆林斯基曾说过，让学生变聪明的方法，不是补课，不是增加作业量，而是阅读，阅读，再阅读。而"多读"，恰恰是我国传统教育的精华。在当今信息量激增的社会里，让学生学会搜集、处理信息，

培养学生较强的课外阅读能力已刻不容缓。随着课程改革的深入，强化中小学生的课外阅读已经成为改革语文教学，积淀学生语文素养的有效途径。《义务教育语文课程标准》在教学建议中要求"培养学生广泛的阅读兴趣，扩大阅读面，增加阅读量，提倡少做题，多读书，好读书，读好书，读整本的书。鼓励学生自主选择阅读材料"。

有了"明理阅读"校本教材，就要开设好阅读课程，构建有效的阅读机制，才能形成指导学生开展课外阅读的有效方法，引导学生养成良好的学习习惯，落实《义务教育语文课程标准》中的阅读指标，保质、保量地完成课外阅读总量，最终达到培养学生课外阅读的习惯，提高学生的综合素质。

1. 开设"课外阅读指导"校本课程

课外阅读指导课，让语文教师有计划、有目的地进行课外阅读指导。带领学生潜心阅读经典美文，老师们可以利用资料，特别是利用学校开发出来的"明理阅读"校本教材，教给学生读书方法，如选读法、浏览法、精读法、摘读法等，引导学生领略中外名著，吟咏古今诗文，强化国学教育，在大量的阅读实践中培养学生良好的阅读习惯和兴趣，初步掌握读书的方法。同时，控制作业量，保证学生每天至少有半小时的自由阅读时间。组织阅读公开课观摩教学，探索课外阅读指导课的教法，逐步形成课外阅读的基本课型。有了课外阅读指导课，就有了阅读时间、阅读环境的保障，有了阅读方法的有效引导，这为培养学生阅读兴趣、提高学生阅读能力提供了良好的平台。

2. 确定课外阅读指导目标、内容

（1）明确各年级段阅读指导目标

在开设课程中需紧扣"明理"两字深入思考和研讨，例如什么样的课外阅读指导课能够让学生明理启智，各学段课外阅读指导的目标是什么，学生应具备怎样的阅读习惯和阅读能力等。在思考和践行中，应确定并逐步完善阅读指导目标。

(2)制订每学期阅读计划

根据所制定的目标和内容，学校可以在学期初认真讨论制订各年级课外阅读指导教学计划。计划中涵盖新书交流、好书推荐、阅读方法指导、特色阅读活动、评估和考核几方面。每年度各学期计划的制订既有经典的传承又能根据实情有所创新，以此循序渐进，不断提升课外阅读指导课的趣味性和实效性。

3. 开发课外阅读指导课课型

儿童与成人不同，成人有一定的阅读和生命经验，很容易在再造想象中将文字符号转化为脑海中的形象；儿童由于年龄与审美经验的不足，对文字美的内涵往往难以把握，这就需要教师蹲下来，用儿童能够理解的方式去唤起他们的审美体验，激发他们的想象力，以使其充分感受文学的魅力。

(1)绘本激趣阅读课。绘本，即我们所说的图画书，是小朋友不可缺少的良伴，世界上的学童几乎都是由图入手的。因此，针对一年级刚走入阅读之路的孩子，由教师带领孩子们走进文字和图画相匹配的世界。小学低年级的老师们把"绘本明理阅读教学"作为读书课的主体。"绘本明理阅读课"是利用绘本材料，借助课堂，在师生有效的互动交流中，用讲故事的方式完成教学目标的过程。在此期间，教师运用有效的阅读策略，使学生在阅读过程中学会观察、善于表达、注重积累、提高写作等能力，把文本所陈述的"事"与作者要道出的"理"建立联系，同时达到对学生多方面能力的培养，提升其语文综合素养，如绘本《你看起来好像很好吃》《我有友情要出租》《猜猜我有多爱你》《爱心树》等绘本都已成为广大师生爱不释手的阅读作品。

(2)精品阅读欣赏课。"明理阅读"校本教材就应该多选精品美文，这类课主要是就书中的某一个章节或某一篇精彩的文章，师生一起赏读。课堂上，或是品味故事中人物丰富的情感世界，或是赏析作者独到的表达方式，或是感悟不同作品特有的语言文字魅力……品读欣赏课让学生在不断地品味和思考、想象与拓展中，将书读得更丰富、更深入、更透彻。或是引导学生欣赏阅读材料,可以通过配乐朗诵、角色表演等各种方式,促使学生在理解的基础上对文章进行鉴赏,受到美的熏陶和感染,积累语言材料,提高审美能力。

(3)阅读方法指导课。在阅读方法指导课上,教给学生阅读的方法。如引导学生合理使用工具书,学会搜集信息、处理信息,会做简单的读书笔记或读书卡片,学会上网查找资料;指导学生边读边思考,提高理解能力、评价能力、想象能力等;指导学生写读书笔记和读后感等。针对预设定的阅读指导目标,在不同年级进行相应的阅读方法的指导和探讨。如指导小学低年级学生学会读书动笔的方法,指导小学中年级学生学会用读书符号做阅读批注,指导小学高年级学生撰写读书笔记以及浏览和速读的方法等。

(4)优秀读物推荐课。读物推荐课即通过讲解书的主要内容、朗诵精彩的片段、讲述经典的故事等各种形式,向学生推荐读物。课堂上可以是教师推荐,即根据学期阅读计划中的书目推荐表,定期向学生介绍必读书目和选读书目;也可以是学生推荐,即组织学生将自己喜欢的书拿到班级相互推荐介绍,相互借阅。同样,我们也定期邀请家长来校,为孩子们推荐他们读过的好书,介绍他们的读书经验和体会,不断引领孩子们健康阅读,走向读好书、好读书的良性循环。当然,在"明理阅读"校本教材的编写中也应该有优秀读物推荐书目。

(5)读书交流汇报课。读书汇报课主要指学生在课前广泛阅读的基础上,汇报自己在课外阅读中的感受与收获,一般是在书籍阅读之后进行,也可以放在书籍阅读之中。目的还可以是针对那些读读就不想读的孩子通过交流再次激发这部分孩子的兴趣,在交流时要尊重学生自主的阅读感受,同时通过交流也可以培养学生的阅读能力,包括总结、概括、运用语言以及再创造的能力。

读书交流的主要形式有:①读后叙述:组织学生复述自己读过书籍的内容。②开展辩论赛:对读物中所提到的相关论点开展辩论,促进阅读效果的提高。③交流评论:交流自己阅读的方法,对书中的人物及写法进行点评。④表演展示：让学生把看过的内容自编成小品、课本剧等，在汇报课上进行表演。

（6）阅读综合实践课。阅读绝不是单一的读书活动，阅读综合实践课是将课内与课外、读与行有机结合的一种课型。学生在教师的指导下，带着特定的问题，收集阅读材料，并进行分析和总结，通过动手、动脑、合作等方式形成个人研究成果。这种研究性的课外阅读指导课，让明理阅读成为一个立体的具有延续性的高效实践活动。

基于建构主义的观点，理想的阅读应该是儿童与书本实现对话、相互比照，发现自我、升华自我、创造自我，从而建构出一个独立精神世界的自我的过程。我们的明理阅读指导由此出发，使儿童的实际生活经验与书本中的世界实现对话，产生兴趣、融合、撞击、互动、升华，从而架起儿童和作者之间的桥梁，让文本成为孩子心灵里一个真实的生命场景，让明理阅读成为一个心与心交流的途径。

（二）拓宽阅读渠道，开展"明理·阅读之星"评比晋级活动

为推行我校"明理教育"的有效实施，我们围绕"明德理—明学理—明事理"的目标，以"读书悟理"为培育途径，全面提高学生的语文素养，培养综合实践能力，激发学生课外阅读的兴趣，养成良好的阅读习惯，在校园内形成热爱读书的良好风气，打造经典书香校园。我校开展"明理·阅读之星"评比晋级活动。

1. 宣传发动，营造读书氛围

（1）下发活动方案，组织学习，使每一位老师都明确阅读的重要性，齐心协力为营造浓厚的校园读书氛围而努力。

（2）取得家长对学校读书活动的支持和配合，鼓励家长参与到孩子的读书活动中，争创"明理·书香家庭"。

（3）开好"好书伴我成长"主题班会，让学生进一步明白读书的意义。

（4）开展多种比赛活动，展示孩子们的读书成果，让他们享受收获的喜悦，同时也带动其他同学积极参与活动。

（5）组织学生学习"明理·阅读之星"评比晋级活动方案，调动他们

阅读的兴趣和晋级的热情。

2.建立制度，做好准备工作

（1）学校开放图书室和阅览室，并不断增加其藏书量。

（2）建设班级图书角，号召同班同学共同分享优秀书籍。选出图书管理员，制定图书管理制度，并严格按制度进行管理。

（3）教师确定班级必读书目，制定"共读一本书"的读书指导方案。

（4）印发"明理·阅读存折"，便于记录和督促学生的日常阅读情况。

（5）准备好"明理·阅读之星"的相关印章和奖状。

3.建立常规，确保阅读活动正常、有序地开展

（1）每天利用早读、午读及放学前半小时时间，各班在教室安静读书，在"读书记录本"上做好适当的摘抄。鼓励学生回家也养成静读的习惯，并与家长交流读书心得，请家长督促、签名。

（2）语文教师利用每周的阅读课进行阅读指导，并开展形式多样的读书交流活动，不断激发学生读书的兴趣，提高学生的阅读能力。

（3）参加"明理·阅读之星"评比晋级活动的学生向本班语文老师上交相应数量的"读书记录本"，请班主任老师根据读书情况予以评分。

（4）每周读完一本书，"操作员"检查读书成果，通过即可在"存入"栏加2分，若一周不看课外书在"支出"栏减1分，以此类推，获得相应学分。

（5）每个月底，老师组织填写"我的阅读成长记录"，达到相应分数者可申报星级阅读之星，获得相应印章和奖状，其中一到三星级到备课组申报，四至十星级由备课组汇总再到教研组进行申报。

（6）"我的阅读成长记录"积分：

明理·阅读记录卡学分：当月所有阅读记录卡得分总和。

特殊加分：对读书笔记、读书交流会或好书推荐会表现特别突出者，主动办读书小报且质量较好者，教师可酌情加分。

4. 阅读晋级评价标准及相关奖励

荣誉称号	评价标准	奖励
一星级	学分达到 20 分	"一星级阅读之星"印章
二星级	学分达到 50 分	"二星级阅读之星"印章
三星级	学分达到 80 分	"三星级阅读之星"印章及奖状
四星级	学分达到 110 分	"四星级阅读之星"印章及奖状
五星级	学分达到 140 分	"五星级阅读之星"印章及奖状
六星级	学分达到 170 分	"六星级阅读之星"印章及奖状
七星级	学分达到 200 分	"七星级阅读之星"印章及奖状
八星级	学分达到 230 分	"八星级阅读之星"印章及奖状
九星级	学分达到 260 分	"九星级阅读之星"印章及奖状
十星级	学分达到 290 分	"十星级阅读之星"印章及奖状

5. 阅读评比参评条件

每学年五月份读书节的最后一周评选"阅读小书迷""阅读小学士""阅读小硕士""阅读小博士",颁发奖牌、证书,奖励课外书。评选具体数量视实际情况而定,评比参评条件如下:

年级		1—2 年级	3—4 年级
主要评价标准	阅读小书迷	至少获得"四星级阅读之星",学分 110 分,古诗词背诵一年级不少于 20 首,二年级不少于 30 首	至少获得"五星级阅读之星",学分 140 分,古诗词背诵三年级不少于 35 首,四年级不少于 45 首

续表

年级		1—2年级	3—4年级
主要评价标准	阅读小学士	至少获得"五星级阅读之星",学分140分,古诗词背诵一年级不少于30首,二年级不少于40首	至少获得"六星级阅读之星",学分170分,古诗词背诵三年级不少于45首,四年级不少于55首
	阅读小硕士	至少获得"六星级阅读之星",学分170分,古诗词背诵一年级不少于40首,二年级不少于50首	至少获得"七星级阅读之星",学分200分,古诗词背诵三年级不少于55首,四年级不少于65首
	阅读小博士	至少获得"七星级阅读之星",学分200分,古诗词背诵一年级不少于50首,二年级不少于60首。自编读书小报一份	至少获得"八星级阅读之星",学分230分,古诗词背诵三年级不少于65首,四年级不少于75首。自编读书小报一份

2022年经开区四小寒假、暑假致家长的一封信

1. 亲子同享书香时光

读书可以开启智慧，读书能够陶冶性情。和孩子一起共读，让孩子在书香中成长。利用假期备齐下学期必读书目，坚持每天课外阅读时间不少于30分钟，读4本以上课外书籍，精读一本。如实填写"明理·阅读存折"，自制读书推荐卡或撰写读书笔记，更好地增强阅读理解，提高阅读质量。

2. 保证每日读物

激发孩子阅读兴趣，让阅读真正成为学生的学习习惯，使孩子喜欢阅读，感受阅读乐趣，引导孩子多读书、读好书、读经典，夯实文化知识基础。

假期返校后，学校组织了全体语文教师对学生的"明理·阅读存折"进行核验登记分数，根据分数对学生进行阅读评级，每班均选出了班级明理·阅读小达人并颁发奖状。除此之外，学校还进行了明理·语文小达人、明理·数学小达人、明理·英语小达人、明理·环保小达人、明理·劳动

小达人、明理·爱心小达人等 30 多项评比，从各个方面展示四小学子们的才艺风采，为学生搭建更多展示的舞台，以此培养学生特长，从而促进学生的全面发展。

二、明理活动：小故事·大道理

在明理教育的内涵这一章节中指出，"明理"、明显的道理、说明道理、明察事理、懂道理等意思，也指明辨是非，多用于知书达理的总结，学会做人的道理。因此，为了将做人做事做学问的道理渗透到校内学习的各个环节，延伸到学生校外生活的方方面面，学校特开展主题为"小故事·大道理"的一系列活动。

《小故事·大道理》序言

湛江经开区第四小学　林文智校长

手捧我们四小同学《小故事·大道理》的文集，看着一篇篇充满童真又色彩斑斓的小文章，细读一句句稚嫩的话语，我从心底洋溢出自豪与幸福，深感欣慰，更增强了对开展"明理教育"的信心。

为了将做人、做事、做学问的道理渗透到校内学习的各个环节，延伸到孩子们校外生活的方方面面，学校努力探索"读书悟理、交流辨理、行动践理（体验）"的培育途径，以期实现"明理启智→敏学笃行→弘毅致远"的教育目标。因此，学校特开展了主题为"小故事·大道理"的一系列活动。以班级讲故事为阵地，以家庭亲子活动为桥梁，以学校汇报为舞台。通过教师引领、自我阅读、家长启迪、故事擂台、交流辩论、写画结合、进行评比等形式，让孩子们天天有故事（感悟），周周有分享，月月有展示，形成人人参与、个个受教育的生动局面。

通过这本文集我欣喜地看到了一个个满脸阳光、神采飞扬、明理善思、博学高雅、坚毅聪慧的"明理学子"。在这里，一串串前行的足迹，记载着你们的热爱和上进；在这里，一次次闪光的顿悟，折射出你们的智慧和成长；在这里，一个个明理的故事，展现出你们的追求和梦想。你们的文笔、感受也许不流畅、优美、深刻，但通过你们的不懈努力，我相信你们会越写越好，人生的感悟会越来越深，"明理之路"会越走越宽。

2022 年 8 月 10 日

（一）指导思想

我校"明理教育"，遵循儿童小学六年身心发展规律，围绕"明事理"的目标，通过"读书悟理、交流辨理、行动践理（体验）"的培育途径来实现"明理启智→敏学笃行→弘毅致远"，体现"明理教育"的方向性、动态性、过程性、结果性和教育性。

（二）活动目标与途径

以班级道德讲堂建设为重点，实现班班有讲堂、月月有活动的建设目标。以学生自我宣讲、交流感想、践行美德为主要形式，结合思想品德课、班会、少先队活动课、社会践实等途径，开展班级"道德讲堂"活动，形成人人参与、个个受教育的生动局面。

（三）活动过程

1. 搜集含有着深刻人生哲理的小故事

（1）阅读范例《驴子的自救》《生命的价值》后懂得蕴于语言文字背后的深刻哲理。

（2）学会能够结合作品，简要叙述自己对小故事思想内涵的理解。

（3）能够结合其他类似的小故事，与家长探讨其中的人生智慧。

（4）能够通过阅读获得较深入的情感体验，并结合现实生活与同学和家长谈自己的感受。

2. 开展探索研究小故事中的大道理

（1）小组分工收集小故事并从中提取主要的观点。

（2）交流自己获得的材料和反思，结果与他人分享（小故事、观点、支持材料）。

（3）小组汇总学习结果，形成一定的文档。

（4）将小组讨论结果发布，小组与小组间进行讨论并修正本组观点。

3. 介绍演讲蕴含大道理的小故事

（1）各组把自己小组的探讨结果进行现场介绍、演讲交流。各组和同学间按评价量规进行相互评价。

（2）回家与家长交流分享从小故事中得到的人生启示。

4. 拓展研究蕴含深刻道理的小故事

（1）全班讨论：一个小小的故事就蕴含着深刻的道理，在信息时代高速发展的今天，我们要重新发现阅读的价值，策划一次"在阅读中快乐成长"的校园倡议活动。

（2）课后研究：向身边的同学、家长、邻居介绍小故事大道理，宣传阅读的价值，建议大家在阅读中汲取人生智慧。

（3）写作文悟道理：把生活中蕴含深刻道理的小故事写出来。

学生作品一：

独立思考很重要

湛江经开发区第四小学一（1）班　张彩萱

家里的学习屋摆放着妈妈准备的很多故事书，爸爸说读书让人明理、明智，今天和大家分享一篇关于《父子骑驴》的寓言故事。

故事讲述的是一对父子骑驴的事情。从一开始父子牵驴，到儿子骑驴父亲走，再到父亲骑驴儿子走，然后父子共同骑驴走，最后父子抬驴路上走，在过桥时因为驴挣扎掉落河中淹死了。整个过程中，这对父子因为周围人的议论和建议，不停地改变自己的行为，没有自己独立思考，判断对错，被周围人的意见左右，最后独自伤心和悔恨。

上个星期，我也发生了一件类似的事情。我的朋友小宇有一个激光笔的玩具，我和爸爸讲："我也想要这个！"爸爸说："你还记得《父子骑驴》的故事吗？你真确定自己想要？真心喜欢？还是因为别人有就觉得自己也需要一个同样的玩具呢？"听了爸爸的话，我想了好久，最后在睡觉前和爸爸说："如果儿童节前还是想要得到一个激光笔，可以向您提前5天提出正式的申请吗？"爸爸向我伸出了小手指，就这样，我和爸爸的"协议"达成了！

（指导教师：李典）

学生作品二：

坚持就是胜利

湛江经开区第四小学二（1）班　李柔延

那是一年暑假的一个下午，我还在读幼儿园，妈妈带着我和妹妹回她的初中母校去参观。当走到新修建的运动场时，我们一时兴起，想沿着崭新的跑道跑步。于是，妈妈就给我们设定一个目标——每人必须跑两圈。

刚开始时，我和妹妹兴趣正浓，拼命地向前冲，但跑到大半圈时，我们就开始气短了，脚步开始变得沉重起来。渐渐地，小我两岁的妹妹就蹲在地上不肯跑了。正当我也想停下脚步时，妈妈跑到我身边对我说："不要停下来，坚持跑下去！不要想着还有一圈多的路程，你只要跟着妈妈的脚步慢慢地往前跑就行。跑完有奖励哦。"

就这样，在妈妈的鼓励和"引诱"下，我继续跑了起来。一开始还是觉得挺累的，慢慢地反而觉得脚步变得轻快了，而且随着终点越来越近，我变得更加兴奋了，速度也变得更快了。当跑完两圈时，我非常激动和开心，因为那是我第一次跑这么长的路。

我们每个人都渴望成功，但又觉得成功远在天边，遥不可及，便会产生倦怠和自我怀疑，最后望而却步。

其实，我们不要想太长远的事，我们只要想着今天要做些什么，明天该做些什么，然后一步一步地努力去完成，这样我们就不会觉得成功离我们那么远了。脚踏实地，一步一个脚印，坚持就是胜利！

（指导老师：吴伟云）

学生作品三：

学骑自行车有感

湛江经开区第四小学三（4）班　黄耀祖

哥哥只比我大两岁，却是一个骑自行车的"高手"了，看着哥哥游刃有余地骑着自行车遛弯，我心里非常羡慕，由此也激发了我学骑自行车的兴趣。今年三月，爸爸特地给我买了一辆崭新的自行车作为考上跆拳道蓝红带的奖励，我很高兴，心想，终于有机会好好练自行车了。

练习的第一天，爸爸把我带到小区绿道上，等我准备就绪时，爸爸语重心长地说："儿子，骑自行车时，眼睛平视前方，不要看车轮，身子要坐正，身体要放松。"接着，爸爸告诉我怎么上车，怎么刹车。爸爸帮我扶着车尾架，我照着爸爸的指导方法，手扶车头，坐上车座，左脚放在踏板上，右脚用力一蹬，车子就真的摇摇晃晃地前进了。我激动地回头看看爸爸，谁知道自行车好像不听我使唤似的，摇晃得更厉害了，像个醉汉似的，一瞬间，我全身细胞都紧张起来了，结果手忙脚乱地连人带车一起倒了下来，膝盖还擦破了皮。

我懊恼地坐在地上，委屈地看着爸爸，爸爸边扶着自行车边慢悠悠地说："没事，只是擦破了点儿皮，我们再来。"结果我又接连摔了几次，我难过地坐在地上，痛得眼泪直流："我不骑了！一点儿都不好学！"爸爸耐心地说："做事要持之以恒，你哥哥也是克服困难坚持了下来，最后才学会骑自行车的，你这样轻言放弃又怎能成功呢？"听了爸爸的话，我眼前似乎出现了哥哥骑着自行车遛弯那帅帅的身影，我又重新鼓起了勇气，对爸爸说："我还是继续学吧，跆拳道再难我都能坚持下来，这次我一定也可以的。"于是，我又小心翼翼地骑上自行车，在爸爸的耐心陪练下，我一次次地摔倒，又一次次地爬起来练习。功夫不负有心人，坚持练习几天后，我终于感觉好多了，随着我双脚有节奏地踩着圆圈，自行车终于听我使唤了。我也变得轻松自如了许多，仿佛成了自行车的一部分，一直驶向前方。我内心为自己的进步欢呼雀跃。啊！我终于学会骑自行车了！

通过这次学骑自行车的经历，我悟出了一个道理：世上无难事，只怕有心人。只要努力、认真、用心，就没有什么学不会的。做任何事情都不能轻易放弃，只要坚持不懈、努力克服困难，就能取得成功！

（指导老师：梁养丽）

5. "行动践理"：落实"明理"之道

陆游诗云："纸上得来终觉浅，绝知此事要躬行。"所以，行胜于言。为此，学校将"有字之书"和"无字之书"，将做人做事做学问的道理渗透到校内学习的各个环节，延伸到学生校外生活的方方面面。

明理笃行，弘毅致远
——2022年春季开学典礼林文智校长讲话稿（节选）

如今，新学期的铃声已响起，我想跟大家提出四点期许：

一、希望你们认真学习，勤奋读书

学习是学生的第一要务，虽说学海无涯，但是唯有勤奋读书才能铸就美丽的人生。

古时候，有个叫方仲永的孩子，家中世代都是农民。他长到5岁时就能写诗，并且写得很有文采。从此方仲永的父亲就每天带领着方仲永四处炫耀，不让他学习。等他已经十二三岁了，他就和普通人没有什么区别了。

可见后天的学习对一个人是否成才是十分重要的，即使是天生的神童，没有不断奋斗和努力最终也会变成一个庸才，光靠天赋不靠学习都是难以成才的。

而另外两个故事与方仲永正好相反。同样在古时候，有一个名叫苏秦的人，他年青时一无所获，家人瞧不起他，邻居们也嘲笑他，这对他的刺激很大。后来，他下定决心，发奋读书，常常读书到深夜，有时疲倦得直打瞌，他就用冷水冲醒自己。但是，到后来冷水也没有什么用了，于是他想出了另一个方法，一打瞌睡，就用锥子往自己的大腿上刺。这样，猛然间感到疼痛，使自己清醒，再坚持读书。多年的苦读之后，他终于成为一位很有名气的人。东汉时期，也有一个像苏秦一样勤学苦读的人，他叫孙敬，每天从早到晚读书，常常是废寝忘食。读书时间长，疲倦得直打瞌睡，后来他想出了一个特别的办法，用一根绳子把自己的头发绑在房梁上，当他读书疲劳打瞌时，头一低，绳子就会牵住头发使头皮疼痛，自己马上清醒，再继续读书学习。功夫不负有心人，孙敬后来成为一个大学问家。这就是"悬梁刺股"的故事。

曾有一名学者说过，聪明的孩子，今天做明天的事；愚蠢的孩子，明天做今天的事。同学们，要学会做一个珍惜时间、勤奋学习的人。只有学习，你们才能掌握更多的知识；只有学习，你们的生命才能绚丽多彩；只有学习，你们才能拥有美好的未来。

二、希望你们懂得坚持，专注坚毅

我们学校的校风是——专注坚毅，明理善思。这8个字看似简单，实则有一种穿透世间万物的力量。

在2020年的东京奥运会10米跳台决赛上，我们湛江14岁少女全红婵五个动作三跳满分，作为中国奥运代表团最年轻的运动员，以创纪录的成绩夺得10米跳台冠军，让五星红旗高高飘扬在东京水上运动中心上空。

当年，年仅8岁的全红婵到湛江市体校报到，离家时她只记得爸爸说的一句话："要为国争光。"夏天训练时跳板是铁制的，被太阳晒得滚烫，她只能用毛巾挤水给跳板降温，然后一次次的跳水训练。凭借着这份努力和胆识，终于取得了奥运会的冠军。全红婵这种拼尽全力百折不挠，坚持不懈奋力训练的运动员，是激情洋溢的体坛先锋，是惊艳世界的中国力量，更是14亿多中国人的自豪与骄傲。

同学们，如果你也想成为这样优秀的人才，就要在成功之前先成为一个拥有坚强毅力的人。人们常说，困难就像一座大山，但是对我们来说，没有比脚更长的路，没有比人更高的山，我们只有脚踏实地一步步地勤奋学习，才能收获胜利的果实。

三、希望你们找准理想，学会担当

如今，北京冬奥会正开展得如火如荼，相信也有不少同学欣赏了精彩的开幕式，我们在庆幸自己生在如此幸福又强大的国度时，更要明白，你们有理想，有本领，有担当，国家就有前途，民族才有希望。有这样一个真实的故事，100多年前，中国正遭受帝国主义的侵略，战火燃遍每一寸土地时，有这样一间教室，校长向同学们提出一个问题："请问你们为什么而读书？"

同学们踊跃回答。有的说："为吃饭而读书。"有的说："为做官而读书。"也有的说："为挣钱而读书。"

只有一位学生一直静静地坐在那里，没有抢着发言。校长注意到了，让他回答。他站了起来，清晰而坚定地回答道："为中华之崛起而读书！"

校长听了为之一振！他怎么也没想到，一个十二三岁的孩子，竟有如此抱负和胸怀！他睁大眼睛又追问了一句："你再说一遍，为什么而读书？"

"为中华之崛起而读书！"这位少年正是我们伟大的周恩来总理，他在那时就已经认识到，中国人要想不受帝国主义欺凌，就要振兴中华。同学们，少年兴则国家兴，少年强则国家强，中国梦是历史的、现实的，也是未来的，是我们这一代更是你们这一代的。正因如此，方才凝聚了我们学校的校训——明理笃行，弘毅致远。希望我们四小的每一位学生都能明白奉献祖国的道理，担负起建设祖国的重任，你所站立的地方，正是中国，你能行远，中国便能前进。

四、希望你们文明守纪，珍爱生命

在校园里，多问候一声"老师好"；多向同学说声"再见"；向帮助过自己的人道声"谢谢"等等，文明的言行很多时候需要的是一句话，一个微笑，一次帮扶。与此同时，校园是我们学习的场所，洁白的墙壁不应沾染不协调的颜色，安静的校园不应传出刺耳的喧哗，有序的学校不应出现追逐或打闹，干净的草地不应残留脏乱的垃圾……

会讲故事的老师不爱说教。提到说教，他们很容易联想到"婆婆妈妈"这个词。没有老师愿意给学生留下这样的印象吧，也没有孩子喜欢被说教，老师的苦口婆心、严词训斥，常常会从他们的一只耳朵进一只耳朵出。林文智校长就是这样会讲故事的老师，他深知故事沟通的魅力，善于把观点、道理巧妙地藏在故事里，在故事中给老师和同学们提出了殷切的希望和要求，让同学们自行去感悟、去发现。

（1）让学生知道做什么样的人、明什么样的理，促进学生健康成长。学校依据"争章创星"的明理儿童评价体系，倡导学生读名人传记，既开阔了学生的阅读视野，又让学生找到了人生榜样。

（2）明理儿童的培养是全方位的，实现校内外的有机结合。学校推出了立足于研学的"明理少年在行动"板块，注重"研"与"学"的深化，实现将个人所学践于行。

（3）注重仪式教育，如"拜师礼""成长报告仪式"等，推动其带着明理梦想继续出发。

尊师重教是我们中国的优良传统美德，2022年春季开学典礼第三环节是各班在教室里举行拜师仪式。全体学生面向老师深深地鞠三躬：一鞠躬，感谢老师的辛勤栽培；二鞠躬，认真学习各科知识和技能；三鞠躬，发奋努力早出成果。诚心、精心、细心、耐心是我们拜师学习的态度；勤学、勤问、勤看、勤听是我们拜师学习的方法；成长、成熟、成才、成功是我们拜师学习的目的。

相信我们四小的每一位学子一定会铭记在心，践行校训"明理笃行，弘毅致远"，用坚定的自信克服一切困难，用永不言弃的意志收获成功的果实。

三、家校合作

所谓家校合作，就是把家庭教育提升到重要的教育战略位置上来。父母或者监护人应当是学生的第一任老师，承担对未成年人实施家庭教育的主要责任，但有研究结果表明，父母受教育程度与子女的受教育水平成正相关，部分家长对子女在教育管理方式上有所欠缺或者缺乏必要的教育意识和理论素养，因此，如何唤醒家长的家庭教育管理意识，同时提升家校互动的配合程度，是家访策略研究的重大难题和亟待突破的瓶颈。

（一）明理阅读与家校互动的联系

自"双减"政策落地以来，我国现阶段教育生态有了明显的改善。这一系列措施主要目的是遏制小学生作业负担过重以及"应试教育"思想盛行导致的教育短视化现象，这也是教育综合改革深入推进的重大政策创新，同时它也对教育内涵做了新的规划，其中重要的一点便是学校教育的提质增效，在减轻学生任务量的同时，如何利用好学生的课余时间，加快促进学生的全面发展是所有学校面临的重大课题。要实现立德树人的发展目标，不仅需要提高课堂教学效率，还要通过拓展家校互动的发展路径促进学生的健康发展。

1. 明理阅读与家校互动结合的研究意义

阅读作为语言学习的重要组成部分，能够帮助学生拓宽视野、丰富知识，同时提高自身的理解能力和逻辑思维能力，从而更好地在社会中生存和发展。《义务教育语文课程标准》中也指出：对于一、二年级的学生主要是阅读浅显易懂的阅读读物，积累自己喜欢的成语和格言警句，对优秀诗文诵读背诵，对于阅读的文字量要求达到 5 万字；对于三、四年级的学生来说，要开始欣赏阅读文本中的好词好句、精彩的段落，同时也要逐渐开始背诵优秀的古诗词。要想完成这一目标，必须重视学生的阅读兴趣和阅读习惯的培养，基于课堂教学任务的紧迫性，仅从任务量来看，家校互动尤为重要，需要家长在家庭环境中引导学生阅读。

时代发展至今，有关家校互动的研究成果非常多，但是目前的研究主要停留在家访形式及存在的问题中，对于构建家校合作的创新模式以及发展目标的研究较少。本研究主要聚焦于小学低年级，以一、二、三年级的家长和学生为研究对象，通过制作调查问卷的方式对本校学生和家长进行背景调查和分析，再通过对"明理阅读"在家访中的实践形成的家校互动样本研究，提出可行性策略和建议，进一步丰富细化"明理教育"理念指导下的家校互动新模式。

2. 明理阅读与家校互动结合的研究现状

家庭因其教育的基础性、先导性和感染性对个体发展及社会进步都具有重要的促进作用。国内关于家校合作的研究始于二十世纪四五十年代，直到 21 世纪初，我国学者才开始对家校合作专题展开大量研究。

《国家中长期教育改革和发展规划纲要（2010-2020 年）》中提及家校应当成为彼此融合的教育共同体。我国许多学者根据国内实际情况，从不同角度对我国家校合作理念进行研究和论述。马忠虎在《家校合作》中将家校合作分为"以校为本"和"以家为本"两种合作模式。有专家对家校合作做出了概念界定，他认为，在家校合作中家庭与学校的合力教育是最具有影响力的，学校在教育孩子的同时家长会给予不同程度的支持，而且家长在教育孩子时也会得到学校方面的指导与支持。黄河清通过分析学校教育和家庭教育两者的区别，提出家校合作中学校教育和家庭教育各自的侧重点以及应该注意的地方。

国内的家校合作基本以学校为主，即"以校为本"。在家校合作的形式中，不同专家提出不同的意见，主要关注点在学校开展的家校合作的方式，学校如何引导家长进行家校合作。刘力把家长参与学校活动的形式分为三个层次：一是形式上的参与；二是人际的参与；三是管理式的参与。吴晗清、赵芳祺、程竺君把家校关系分为三种类型，即责任互立型、校方领导型、合作管理型。

在家校关系问题中，包永伟、王安全认为，目前家校关系存在的最大问题就是"信任危机"，家校彼此"失信"，从而影响了家校合作的效果。

郭中凯、章亚希认为家校合作中家长主体缺失才是影响家校合作的因素：家长主体缺失主要指家长主动参与家校合作的积极性不高；就算参与到家校合作中，也没发挥自身的作用。张婷婷认为目前家校合作中存在的问题有：一是家校合作关系不平等；二是家校合作信息不对等；三是家校合作主体职责不明；四是家校合作资源挖掘不足。

（二）"明理阅读家访"教育研究策略概述

"明理教育"聚焦立德树人，以"理"为核心引导学生积极实现个人价值与社会、国家价值的有机统一，我校"明理教育"围绕"明学德理－明学理－明事理"的目标，着重"读书悟理"的发展路径，致力于培养有理想、有本领、有担当的时代新人。

"明理阅读"顾名思义是推行我校"明理教育"的现行手段，围绕"明学德理－明学理－明事理"的目标，以"读书悟理"为培育途径，以达到全面提高学生的语文素养、培养学生综合实践能力、激发课外阅读兴趣以及培养良好的阅读习惯等多项发展目标，通过家庭教育推动形成校内热爱读书的良好风气，从而更好地发挥"明理阅读"在家校互动中的作用。

1. 研究思路

（1）文献研究法

本研究主要通过整理和分析小学阅读、家校互动等相关论文、期刊、报纸和相关文件，了解当前家校互动的研究趋势，确定构建本研究的理论基础。

（2）问卷调查法

根据本研究写作需要，除了采用文献研究法，作者将设计关于家庭阅读教育现状的调查问卷，将家长作为问卷调查的对象，通过网上或者纸质版的形式进行填写并回收调查问卷。

（3）访谈研究法

根据研究需要，将本校一到三年级学生作为主要访谈对象，采用单独访谈的形式，访谈目的是为调查和分析家校互动、家庭教育现状以及存在的问题、产生的原因等提供相关资料。

2."明理阅读"下家访互动教育策略的影响因素

（1）学生

学生作为家校互动目的的核心，决定着家访质量和结果，其对家校互动的态度取决于自身在学校里的表现以及教师家访所采取的方式，学生更容易接受教师平和且有趣的家访方式，而非告状式的家访。如果学生对家校互动产生抵触和反感心理，将进一步激化家长和学生之间的矛盾，不仅会影响孩子的健康发展，甚至会影响家校互动的顺畅性。

（2）家长

对人产生教育影响的三个领域分别来自：家庭、学校和社会。其中家庭教育是协同育人中首要且重要的一环。与教师的沟通频率一定程度上取决于家长的家校互动意识，同时，家长是孩子的第一任老师，家长对自身定位是否明确直接决定了孩子校外学习习惯和学习态度的塑造。最终家庭教育施加在学生身上的影响会反馈到学校学习行为中来。

（3）学校

学校在教育教学管理工作中经常处于主导地位，由行政部门或学校组织的家访制度是教师走进学生家庭与家长联系沟通的一种方式，且家访工作的细则内容及过后对家访工作的监督评价，都将对家访制度产生重要影响。然而，现阶段由于很多学校对家访工作缺乏统筹安排，致使家访流于形式或重心转移至班主任身上，但教师精力不足使家访选择极端化或形式单一，难以激发教师的积极性。同时，部分家长"应试教育"思想浓厚，导致家访重心仅围绕学习成绩，忽视了学生的家庭教育和人格塑造，从而难以达到家访预期的效果。

（三）调查问卷设计与分析

1.调查对象

湛江经开区第四小学课题组经研究，确定以本校一、二、三年级（我校仅有此三个年级）所有学生家长为被试者，进行以家校互动促进小学生"明理阅读"的调查。

表1 调查对象的人数分布情况

年级	人数	合计
一	557	
二	349	1397
三	491	

2.调查方法问卷设计

本调查从被试者的背景信息、被试者对阅读的认知情况、阅读在家校互动中的现状,以及被试者对"明理阅读"在家校合作现状的评价等入手,采用问卷调查法进行调查和研究。调查问卷经过专家的修改,保证了问卷的有效性(该问卷是由9个选择式问题组成)。目的是想通过这次的调查了解目前小学生"明理阅读"在家校互动的现状及影响因素有哪些。

其中,调查问卷的具体结构、维度和题项数目见表2。

表2 调查问卷的家长卷和教师卷的题目信息

结构	维度	题项数目
基本信息	个人信息	3
智识水平	重视阅读程度	3
	与孩子互动情况	2
	意识	1

3.调查结果分析

表3 问卷统计情况

问题	选项	总体情况	
		选择人数	百分比
1.您的孩子上几年级?	A.一年级	557	39.87%
	B.二年级	349	24.98%
	C.三年级	491	35.15%

续表

问题	选项	总体情况	
		选择人数	百分比
2.您的文化水平是？	A. 硕士及以上	27	1.93%
	B. 大学本科	419	29.99%
	C. 专科	558	39.94%
	D. 高中	139	9.95%
	E. 初中	149	10.67%
	F. 小学	5	0.36%
3.您对《中华人民共和国家庭教育促进法》了解多少？	A. 完全了解	45	3.22%
	B. 部分了解	801	57.34%
	C. 几乎不了解	354	25.34%
	D. 完全不了解	197	14.10%
4.您家的阅读环境是哪种？	A. 有专门的书房	272	19.47%
	B. 有读书角，配有书架、图书等	302	21.62%
	C. 随便在哪阅读	823	58.91%
5.您参与孩子课外阅读的态度？	A. 自己积极参加	480	34.35%
	B. 学校要求时参加	281	20.11%
	C. 孩子要求时参加	304	21.76%
	D. 很少参与	332	23.77%
6.您认为阅读对提升孩子学习成绩有多大程度的影响？	A. 完全不影响	16	1.15%
	B. 有些不影响	25	1.79%
	C. 一般	146	10.45%
	D. 有些影响	854	61.13%
	E. 非常影响	356	25.48%

续表

问题	选项	总体情况	
		选择人数	百分比
7.您阅读完会和孩子进行交流吗？	A. 经常	189	13.53%
	B. 一般	757	54.19%
	C. 偶尔	357	25.55%
	D. 几乎不会	94	6.73%
8.您是否经常对孩子的阅读进行指导？	A. 经常	456	32.64%
	B. 偶尔	785	56.19%
	C. 不参与	11	0.79%
	D. 不知如何指导	145	10.38%
9.您与孩子在共读时是否经常提问题让孩子思考？	A. 从没有	245	17.54%
	B. 很少	458	32.78%
	C. 有时	357	25.55%
	D. 经常	289	20.69%
	E. 总是	48	3.44%

通过对以上调查数据的分析与研究，我们可以得出以下结论：

（1）家长的文化水平制约了家长对孩子课外阅读的指导能力

从以上的调查结果中发现，本校家长的文化水平普遍不高，其中，专科文化水平的占39.94%，大学本科水平的仅占29.99%，高中文化以及初中文化分别占比9.95%和10.67%，硕士及以上的家长是少之又少。此外，在"双减"教育背景与《中华人民共和国家庭教育促进法》的实施下，家长对国家出台有关国民素质教育的了解程度处于浅薄层面。

从这一系列数据可以看出，学生的家庭文化氛围不是很浓郁。文化水平在一定程度上代表了家长对孩子的辅导水平。家长文化水平的高低，直接影响到家长对孩子阅读的辅导能力。有的家长只有小学水平，字都认不全，如何去自己阅读，如何去给孩子讲故事，更无法对家长在课外阅读上对孩子进行辅导抱有期望。

（2）家庭阅读环境的营造影响家校互动的效果

我们学校身处城区中高档小区位置，但很多家庭并未给孩子创造一个好的读书环境。数据表明，58.91%的家庭没有一个固定的阅读地点，随便在哪阅读都行；21.62%的家庭有专门阅读的读书角，配有书架、书桌、图书等；只有19.47%的家庭有专门的书房。我们经常说，生活需要仪式感。阅读也一样，好的阅读环境让人有专心阅读、继续阅读的兴趣和欲望。为什么我们有专门的图书馆供人们阅读呢？这就是整体的大阅读环境，一个阅读氛围的创设。从调查结果来看，大多数的家庭还是不够重视。

（3）家长在孩子课外阅读中的参与度还需加强

第一，家长参与课外阅读的态度。

有34.36%的家长会主动参与孩子的课外阅读；有20.11%的家长是在学校要求家长参与阅读时才参加；21.76%的家长则是在孩子主动要求的基础上才参加；而23.77%的家长则很少参与孩子的课外阅读。这些数据说明，家长参与家校合作的主动性还需提高。部分家长认为参加学校的相关活动，就是对学校的配合，就是对孩子的关心并未对参与成果产生期待。在23.77%的很少参与孩子课外阅读的家长中，有一部分表示自己平时很忙，没有时间参加，一部分是因为觉得孩子的成绩不好，觉得参加这样的活动对孩子没有实质性的提高，所以拒绝参加。

第二，家长参与孩子阅读的参与度。

在陪孩子阅读及督促孩子完成学校阅读任务方面，部分家长能够做到经常和孩子一起阅读，大部分家长经常督促孩子完成课外的阅读任务。从这些数据上来看，虽然家长们能够做到最基本的陪伴，但是家长对孩子阅读的参与度还有待提高。家长需要养成一个陪伴孩子阅读的良好习惯。有6.73%的家长从来不陪孩子进行阅读，通过个别访谈，发现有个别孩子是留守儿童，和爷爷奶奶在一起，而爷爷奶奶什么也不懂。

第三，家长指导阅读方法的欠缺。

从调查结果我们不难发现，32.64%的家长经常对孩子的阅读进行指导；

56.19%的家长只是偶尔对孩子进行指导；10.38%的家长想指导，但是不知如何指导；而0.79%的家长则是不参与指导。在阅读中，有目的、有方向的阅读比盲目的阅读更有效率，这就可以看出家长指导的重要性。同时从调查结果中也可以发现，家长在指导方法上存在的问题，有的家长对于阅读的指导感到茫然，不知从何下手。

因此不难得出，即使一部分家长表示会在孩子的课外阅读中进行指导，但是对于指导方法，很多家长还不是很清楚。通过对个别家长进行访谈，我们发现家长对于孩子阅读方法的指导，仅仅是在亲子共读中，告诉孩子这句话写得很优美，这个词用得好，应该记下来，而很少能够真正告诉孩子从哪些方面入手进行阅读。

（四）以家校互动促进明理阅读的具体策略

苏霍姆林斯基提出，教育的效果取决于学校与家庭的一致性，如果没有这种一致性，学校的教学、教育就会像纸做的房子一样倒塌下来。可见，在教育上如果想达到一个良好的效果，家庭教育必不可少，同时，家庭教育要紧密配合学校教育的步伐，让家校合作达到最好的效果。因此，推行我校"明理教育"的有效实施，应围绕"明德理－明学理－明事理"的目标，以"读书悟理"为培育途径，在"学校组织、教师引导、家长辅助"的家校合作模式下，学校与家长各尽其职，紧密配合，形成家校合力，以家校互动促进明理阅读。

1. 家长层面

家庭教育在学生的学习中起着重要的作用，俗话说，家长是孩子的第一任老师。家长的一言一行会在无形之中影响到孩子。在家校合作中，家长的作用不可忽视，只有家长提高参与合作的意识，才能更好地给予学校和老师相应的支持。

（1）明确家校共育观念，树立明理阅读育人意识

首先，家长应认识到与教师沟通合作是自己的权利和义务。在调查中发现不少家长抱着自己不是专业教育人员的想法，并不主动参与到学校教

育中来。通过家访，教师向家长们宣传家校合作的重要意义，树立协同育人观念，破除家长只负责养育孩子的错误心理，督促家长积极投入家校合作中来，与教师形成和而不同、协同共生的家校共育观念。其次，很多家长自身意识不到阅读对孩子的重要性，也意识不到自己同孩子一起阅读对孩子的作用以及对家庭阅读氛围营造的重要性，因此，作为教师就应该帮助这些家长建立这些意识，通过家校联系的多种渠道来传达这种思想。让家长树立正确的阅读观，家长要明白阅读贯穿着孩子的整个学习过程，乃至整个人生，对孩子学习其他学科都有极其深远的帮助，而小学阶段的学生阅读的本质在于分享快乐，积累语文素养。因此，家长应与教师通力协作，主动地与教师沟通交流，积极配合教师的工作，增进教师对学生的了解，并及时更新自己的育儿观念，创造良好的成长环境，与孩子共同进步。

（2）营造家庭阅读环境，保证孩子的阅读时间

除了在学校的阅读时间外，学生绝大多数的阅读时间都是在家中进行的。虽然每个家庭的家庭条件有所不同，但是所有家长应该积极地去努力给孩子创造好的阅读环境。在我校进行的家访中，教师总结以下几点策略，指导家长进行"明理阅读"教育：一是家长要为孩子提供一个相对固定的阅读地点，并给孩子配备相应的书桌、台灯等。这样，孩子就能有一个私密的阅读空间，就不会受外在的其他条件的干扰，更有利于学生阅读习惯的养成。二是家长要为孩子提供安静的阅读环境。在孩子阅读的时候，家长不要打开电视或者大声说话，让孩子在相对安静的环境中，集中注意力进行阅读，这样更能促进孩子对于文本内容的吸收和理解。三是家长可以主动参与到孩子的课外阅读中来，放下手中的活儿，静心地和孩子一起享受阅读的乐趣，还可以在孩子阅读的时候对孩子进行指导。四是家长必须想办法让孩子能够有固定的阅读时间，根据各家的情况，家长可以规定晚饭后的一个小时或者睡前的一个小时进行阅读。通过"亲子共读"的方式，不仅能够建立一个温馨和谐的家庭阅读氛围，还能增进家长和孩子之间的感情，进一步激发家庭的阅读热情，为培养学生的阅读能力提供良好的家庭保障。

（3）配合学校开展明理阅读活动，积极参与家校互动沟通

孩子的阅读需要监督与鼓励，而且学生的课外阅读主要是在家中完成的，因此孩子的课外阅读需要家长的配合。在家访中，学校要求家长每天督促孩子在家阅读情况，并且根据阅读表现进行及时鼓励，每天在评价卡中进行等级评价。家长要积极参与学校开展的明理阅读活动，如世界读书日，号召家长关闭电视，陪孩子读一小时的书；与孩子一起到书店购书，到图书馆借书；举办"读书交流会""故事演讲比赛"等；借助"明理·阅读记录卡"，架起家校沟通的纽带与桥梁，引导家长参与到孩子的读书活动中来，争创"明理·书香家庭"。

2. 学校层面

学校教育在学生的教育中起着重要的作用，学校是相关阅读策略的制定者和规划者，在大的整体环境下，学校应该制定相应的阅读策略，举行相应的活动，来推动学生阅读的整体发展。

（1）丰富图书资源，搭建明理阅读资源平台

要真正做到阅读，首先要丰富图书馆资源。正所谓"巧妇难为无米之炊"，没有好的图书资源，学生摄取知识的渠道就相对封闭一些。学校的图书馆要及时更新书籍，注意书籍和时代的接轨，注意图书类型的选择。好的阅读环境的创造，对培养学生的阅读兴趣有很大的影响。建设班级图书角，号召同班同学共同分享优秀书籍。选出图书管理员，制定图书管理制度，并严格按制度进行管理。

（2）对家长进行方法指导，布置家庭阅读任务

在家访中发现，家长不懂得如行指导孩子进行阅读。在这种活动中，教师是最为关键的，不仅要为学生阅读搜集相关资源，还要向家长传授一些阅读经验和方法，以提升孩子的阅读效率。因此，教师可以利用企业微信，给家长介绍一些简单的阅读方法，比如和孩子一起探讨书中的人物形象，分析人物的语言、动作、心理活动等所反映的人物状态，勾画出你喜欢的句子并进行交流，在自己感悟深的地方进行批注等。这些方法，家长在辅导孩子的时候可以用到，这样就不会出现家长不知道该怎样辅导孩子

的情况。同时，在学生阅读书目的选择上，有很多家长不知道应该买什么样的书来给孩子读，教师可以在图书的选择方面给家长提一些建议。这样，有了方法的指导，家长就不会盲目地进行课外阅读的指导，家校合作的状态也会达到最佳水平。

每个学期，教师确定班级必读书目，制定"共读一本书"的读书指导方案。老师推荐给家长阅读书目，家长自行购买。教师从中挑选出一本作为家校共读的书目，家长和孩子在家读，老师在学校读。上学期，本校一年级（1）班李老师把《樱桃树去散步》作为家校共读的书目，要求家长每天和孩子一起阅读半个小时，在读完之后家长和孩子还要复述故事，再在课堂内，利用课前5分钟进行讲故事展示。像这样，学生阅读兴趣浓厚，家长也十分支持和配合老师，学生阅读能力的提高便指日可待。

（3）开展明理阅读活动，推动阅读活动发展

为了让学生养成一个良好的阅读习惯，培养学生良好的阅读兴趣，学校要举行相关的活动来推动阅读的进展。首先，开好"好书伴我成长"主题班会，让学生进一步明白读书的意义。同时，开展多种比赛活动，展示孩子们的读书成果，汇报形式兼顾诵、演、读、唱、书、画，可以展示自己的读书收获，让他们享受收获的喜悦，同时也带动其他同学积极参与进来，让孩子们在活动氛围中爱上读书、爱上阅读。其次，组织学生学习"明理·阅读之星"评比晋级活动方案，以鼓励的方式激发学生的阅读兴趣，调动他们阅读的兴趣和晋级的热情。最后，开展家庭读书活动，主要包括建家庭书架和"家庭读书乐"活动，让每个家庭根据家庭情况建立"家庭藏书屋"；捕捉家庭阅读瞬间，感受亲子阅读的快乐；家庭征文，围绕相关读书篇目进行读后感及读书感受的创作。

（4）完善明理阅读评价体系，促进学生阅读能力的全面提高

在班级中，可以以小组为单位展开评比，也可以以个人为单位进行评比。运用这种奖励机制，对学生的阅读行为进行表扬，以此来激发学生进一步阅读的兴趣。开展"明理·阅读之星"评比晋级活动，进行手绘阅读卡、阅读手抄报作品评比，把好的作品放在班级文化展台中，让所有的学

生共同欣赏；每个月底，老师组织填写"我的阅读成长记录"，达到相应分数者可申报星级阅读之星，获得相应印章和奖状；每个月开展一次讲故事比赛，评出班级"故事大王"；每个月评出一个"明理·书香家庭"，激励学生和家长一起阅读；等等。通过"明理阅读"一系列评比活动，充分发挥评价的激励功能，不断挖掘学生自身潜能，激励自我成为他人的榜样，以评比促进学生发展，引导学生的努力方向，让"明理阅读"开花结果。

（五）以家校互动促进明理阅读的成效

湛江经开区四小坚持"读书悟理"的理念，以"明理教育"为核心，以"情趣阅读"为导向，开展"阅读点亮梦想，书香成就人生"读书活动、"明理·阅读之星"评比晋级活动，通过新颖活泼、形式多样的家校合作的阅读活动，提高家校共读效率，指导家长参与学生课外阅读，有利于学生阅读能力的增长。

案例一：

小飞是一个聪明、懂事、帅气的男孩，头脑灵活，但是习惯不好，阅读方面能力较弱。小飞在学习自主性上比较差，父母离异，父亲长年在外，母亲改嫁，孩子只能和爷爷奶奶在一起。小飞的奶奶文化水平不高，不能在阅读方法上对小飞进行指导，但是可以想办法让小飞的奶奶提高阅读的参与度。

为了更好地进行家校合作，在阅读中帮助孩子，班主任李老师每天查看小飞的"明理·阅读存折"，知道了小飞的阅读进度，这样，放学后，再布置30分钟的阅读任务。小飞的奶奶的主要任务就是无论多忙，都要监督孩子30分钟，然后让小飞把阅读内容复述给奶奶。因为奶奶不会用微信等先进的通信手段，所以班主任每天会给奶奶打电话，询问小飞的阅读情况。通过一段时间的沟通交流，小飞的奶奶从最开始的偶尔参与到后来的每天无论多忙，也要陪孩子30分钟，然后像讲故事一样让孩子给奶奶讲故事，已经成为小飞奶奶的日常生活。在经过一段时间的坚持后，小飞的阅读习惯渐渐养成，阅读时间得到了保证，阅读速度有所提高。而且，明显感觉小飞的奶奶不再仅仅是关心孙子的生活问题,开始关心孙子的学习了,还会经常主动给班主任李老师打电话,询问孩子在学校的表现。

案例二:

小明同学在学习上比较懒散,无法完成老师布置的阅读任务。有的时候和家长沟通,家长总是说没时间管孩子。为此,班主任季老师对小明进行了第一次家访,发现小明的妈妈身上主要存在两个问题:一是对于家长的角色认识程度不够,小明的妈妈总是以忙、没时间辅导来当借口;二是参与孩子阅读的意识有待提高,小明的妈妈什么也不管,老师布置的阅读任务,她从来不在企业微信上查看,总是以忙为借口。

因此,对于小明的家长,最主要就是让她提高认识,提高她在孩子平时阅读中的参与度。所以,班主任季老师在寒假充分利用"明理·阅读存折",激发孩子的竞争意识,家长每天对学生的阅读情况进行统计,进行相应的加分减分。自从有了这样的评比之后,小明为了得到积分,每天都会追着家长,让家长把自己阅读的情况进行记录,渐渐地,从一开始追着家长参与进来,到最后,小明的妈妈每天能够主动检查孩子的阅读情况,并反馈到网络平台上,这确实是一个很大的进步。除了家长的进步,孩子的进步也是非常明显的。小明在阅读积分评比的激励下,每天坚持阅读,养成按时按量的阅读习惯,还能把读到的小故事讲给长辈听。小明的妈妈告诉季老师:"小明每天一吃完晚饭,就端端正正地坐在书桌前看书,看完书还会自觉收拾好自己的书桌,比以前懂事多了!"除此之外,季老师还会在企业微信上发布阅读指导方法与课程的资源,积极和小明的妈妈互动。同时,每天给她布置一项任务:每天无论多忙,先听孩子读半个小时的书,然后查看孩子批注的阅读作业,进行签名。和她聊天的时候,她说:"我感觉自己每天好像也在学习一样,孩子给我读书,有的我听不懂,但是我能知道孩子每天读了什么内容,作业完成得怎么样,以前我从来没管过。"经过一段时间的尝试,学生小明的阅读情况越来越好,每天能够主动阅读,在读书方面,也能逐渐发表自己的看法。而小明的妈妈也不再总是以忙为借口,来忽视孩子了。

  通过家访与网络指导,学校给予父母参与阅读一定的方向性引领,从而使家庭与学校之间在教育上形成合力,共同为激发学生的阅读兴趣,提高学生的阅读素养努力。在多样的家校合作阅读活动中,尤其是在"明理·阅读之星"这一评比晋级活动的推动下,我校的整体阅读环境得到改善,学生的阅读习惯得到较好的培养,阅读能力整体有较大的提高,教师在教学观念上也发生较大的转变。学校、家庭的阅读环境影响着学生的阅读;学校、家庭的阅读成果对我们整个民族未来的发展有着重要的影响。总之,在阅读中进行家校合作,在家校互动中促进阅读,势在必行。

第五章 明理教育的课程文化建设

随着科学技术的快速发展,世界发生了翻天覆地的变化,而中国凭借着改革开放之路,亦获得了前所未有的发展。尤其是社会主义核心价值观与中国学生发展核心素养的提出及颁布,为中国教育如何面对世界,面对未来,面对现代化提供了发展指南。近年来,伴随人工智能的高速发展及移动互联网平台的日臻成熟,我们的生活方式、学习方式及工作方式都发生了根本性变化。如何为未来中国社会培养合格的社会主义公民,成为基础教育必须面对的急迫问题。基于此,我们构建了湛江经济技术开发区第四小学的课程体系。

第一节 明理教育的课程理念

湛江经济技术开发区第四小学围绕着社会主义核心价值观与中国学生发展核心素养,实施"明理教育",培养具有家国情怀和国际视野的现代中国人,培养学生专注坚毅、明理善思的品格。

同时,基于这样的教育认识:在现代开放多元的社会里,终身学习是将来每一个人的基本生存与发展方式。孩子作为未来二三十年之后社会建设的主力(实现中国梦),现在的教育需要为一个尚未到来的社会培养合格公民,必须将教育落实到社会主义核心价值观与中国学生发展核心素养的战略层次。

与此同时,"明理教育"课程体系还基于这样的认识:每一个孩子都有自己与生俱来的独特个性。他们的天赋、潜质、兴趣、爱好与特长都不会完全一样，学校的课程设置必须满足学生丰富多彩的个性化发展，让每一位学生都能够在校园里找到自己的学习与成长乐园，使学生感受到学校是最值得留恋的地方，为孩子的一生留下最美好的童年记忆。

因此，湛江经济技术开发区第四小学的课程理念本着"尊重差异、追求个性、开放多元、全面发展"的课程价值观，以中国学生发展核心素养的"文化基础、主动发展、社会参与"三个基本模块为指导，围绕"明德理－明学理－明事理"的目标，保护和培养每一位学生的学习兴趣，充分调动每一位学生的学习积极性，开发和培育每一位学生的学习潜能和特长，让每一位学生愉快学习、幸福成长。培养学生的成功素养，来构建"明理教育"教育课程体系，旨在培养知书达理，具有开放的国际视野、良好的公民素养、自信乐观的现代中国人。

根据孩子在小学阶段的身心发展特点，形象思维先于抽象思维，审美先于理性，为让学生在动手做的活动体验中得以成长，课程设置强调体育、美育、劳动及生活能力的培养，并以艺术活动带动生活力、学习力与创造力的培养。英国著名教育思想家蔡尔兹在他的《做适合人的教育》一书中明确提到："靠智力，仅仅能够理解大自然；只有靠艺术感觉才会体验到活生生的大自然。那些被培养了理解力的孩子，如果这种理解力浸透了生活的气息，那么孩子会向着能力的方向成熟；但是那些被培养了艺术感的孩子，则会向着创造性工作的方向成熟。"以美育人，以爱塑人，以智启人，以礼待人，以德服人，方能让孩子们全面发展，个性成长。

第二节　明理教育的课程目标

"明理教育"的课程目标聚焦核心素养，围绕"明德理－明学理－明事理"，谋求师生全面发展。

1.尽可能满足学生多元化、个性化发展的需求，追求课程的丰富性、开放性、整合性、活动性与体验性。

2.基础性课程凸显多种学科之间的融合，根据学生的年龄特点丰富课程内涵，根据课程作出适当的延伸；拓展性课程强调开放性、多元性、选择性。

3.变多门课程为模块课程，以模块课程实现学科之间的有效融合，使学生能够通过课程学习打通学科之间的界限、书本与现实的界限，实现从经验到知识，从感性到理性的飞跃。

4.强化学生的审美能力、判断能力与创造力，以美育、体育带动智育与德育的发展，让学生在动手实践中增强课程的体验性与想象力以及创造力的培养。不懂艺术、缺乏美感的人，未来将无法适应人工智能社会。

5.采用问题引导与主题项目式学习，引导学生进行研究性、实践性学习，在课程中引进项目式学习方式，使学生的学习建立在已有的知识经验基础上，使学生变得更感兴趣且积极主动。

第三节　明理教育的课程内容体系

一、课程框架

从课程理念出发，将明理教育课程分成三个体系，即基础性课程、拓展性课程及兴趣选修类课程，基础性课程与拓展性课程都是必修课，兴趣选修类为选修课。基础性课程也是国家课程，设计的原则是：国家课程校本化、校本课程多样化。

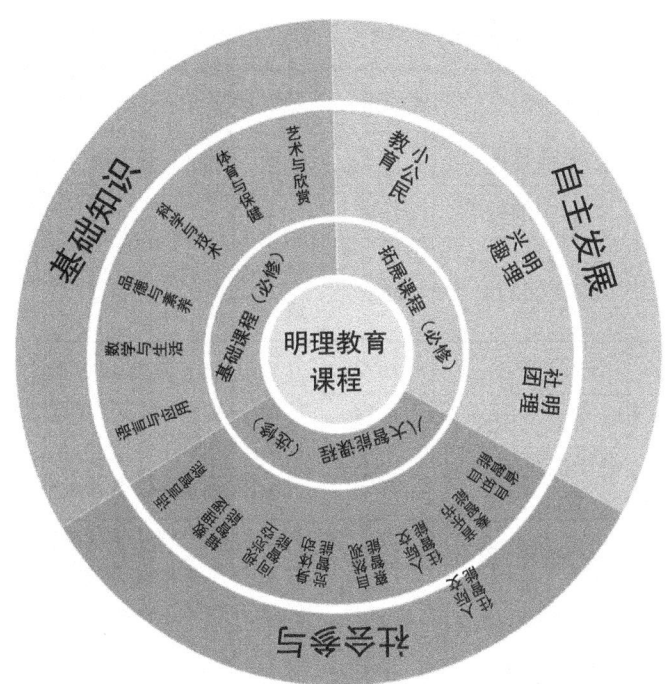

"明理教育"课程体系图

二、课程领域说明

"明理教育"课程体系图

（一）基础性课程

基础性课程，按照课程领域分为：语言与应用、数学与生活、品德与素养、科学与技术、体育与保健、艺术与欣赏，共6个课程领域。

"明理教育"基础性课程			
课程领域	课程名称	课型	基础课程校本化实施意见
语言与应用	阅读与写作	长课	低段专门设置每周一节的绘本阅读，中高段每周一节图书馆阅读。强化口语表达，强调实践应用，通过提高口头与书面的语言表达能力来提升学生的自信力，使其更适应社会生活的需要。
	母语口语交际	短课	
	英语	长课	
	英语口语交际	短课	

101

续表

"明理教育"基础性课程			
数学与生活	思维导图	长课	三至六年级设置每周一节数学活动课，体现教学在生活中的应用。将信息技术相关内容整合进去，通过数学故事，培养学生的数学思维能力与数学问题意识。
	生活中的数学	长课	
	数学的故事	短课	
品德与素养	品德与生活	长课	注重从学生日常生活中感受与体验到相应的品德及社会规则。将中华优秀传统文化与日常的生活交往结合起来，避免空洞的道德教条说教。
	品德与社会	长课	
	中华优秀传统文化体验课	长课	
科学与技术	科学常识（3-6）	长课	科学课整合部分信息技术内容，每学年举行3-6年级科学与技术的动手实践学习周（三课时），引进创客课程理念。
	科技博览（1-6）	短课	
体育与保健	体育	长课	立足于学生的身心健康，培养学生至少有一种体育兴趣与特长，力求将体育融入生活中，形成一种运动习惯。
	健康生活	短课	
艺术与欣赏	音乐	长课	引入奥尔夫音乐教学法和美术创客
	美术	长课	

1. 语言与应用课程：包括阅读与写作、母语口语交际、英语、英语口语交际。把语文与英语同样归类为语言类的课程，同时打破原有单一的语文与英语课类型，突出学生在语言表达方面的主动性、主体性与应用性特点。围绕表达的需要，来推动语文素养与英语交流能力的提高。将学生过去死记硬背的被动学习变为灵活应用的主动学习，突出语言作为交流的工具性质，将母语语文与英语的思维工具特点显现出来。

2. 数学与生活课程：强调数学课上的问题意识与思维能力，改变过去那种被动做题、题海战术的课程，将数学的抽象性与生活的丰富性结合起来，让学生从切身的生活经验中感受到数学问题的存在及数学应用能力的培养。同时，人类数学史上有过无数卓越的数学大师，他们的数学智慧与数学故事，对儿童有着强大的吸引力。因此，在数学课上适时开设数学故事课，将打破过去数学只是做题、故事只与语文课密切相关的惯例，使数学变得更加丰满、有趣。

3. 品德与素养课程：包括品德与生活、品德与社会、中华优秀传统文化体验课三个部分。品德与生活主要解决学生自我认识及自我生活技能，良好生活习惯养成等方面问题。品德与社会主要解决群己关系，社会公共道德使学生学会理解规则、遵守规则、维护规则，并学会基本的文明礼仪。同时作为一个中国人，需要继承与发扬优秀的中华传统美德。对于学生来说任何说教都是有害的、低效的，因此，此类课程主要注重学生的体验性。

4. 科学与技术课程：主要开设科学常识课、科技博览，在这个课程里，引进创客类课程，强调创意、设计与实施能力三个方面，使学生富有创新意识，让学生在日常生活中体验科学的成就，从而培养学生的科学精神、问题意识与好奇心及动手实验的能力。

5. 体育与保健课程：一方面主要是培养学生运动的习惯，使每一位学生都有一项体育特长，培养终身体育的意识；另一方面养成学生健康卫生的生活习惯，使自己的生活符合身心健康的要求。

6. 艺术与欣赏课程：学校的艺术类课程要加强，艺术在小学阶段对于学生的成长来说有着特殊的意义。艺术类课程又分为音乐、美术两大类。在音乐艺术教学中，可以考虑适当引入国际流行的奥尔夫教学法，使学生在懂得美、感受美的前提下，去欣赏美及创造美。奥尔夫艺术教学，将人对艺术的感受与欣赏提升到人的生命哲学层次，使传统艺术教学的技能训练变成学生生命的整体发展。

（二）拓展性课程

作为国家课程的进一步延伸与拓展，这部分课程主要体现校本课程的特色，分成三大类，是学校层次上开设的必修课。第一类是小公民教育，第二类是明理兴趣，第三类是明理社团。

"明理教育"拓展性课程			
课程类别	课程名称	课型	课程说明
小公民教育	小公民实践	长课	以培养具有中国情怀、国际视野的小公民为目的,开设小公民实践课,整合地方课程、信息技术、少先队教育等内容,涉及生命教育、民主法治教育内容,采用项目学习方式进行整合式学习。
	礼仪	短课	
	书法	长课	
	中华经典诵读	短课	
	心理健康	短课	
明理兴趣	棋类必修	长课	国际象棋、中国象棋与围棋,作为一、二年级必修,培养兴趣。
	兴趣选修	大课	围绕多元智能结构开发八类兴趣课程,分年段走班选修。
明理社团	四点半课程	灵活	社团课程是针对个别学生需要设置的非常规课程,时间内容灵活安排,一般安排在课余时间。
	精品社团	灵活	
	感统训练	灵活	
	心理辅导	灵活	

1. 小公民教育。分成五大类：一类是小公民实践课，这个课带有活动性质，具有实践性；二类是礼仪课，包括现代文明礼貌用语、行礼方式的学习与练习；三类是书法课，包括软笔、硬笔的练习；四类是中华经典诵读课，使学生作为中国人有根的情怀与民族的认同感；五类是心理健康课，主要是关于心理健康的常识等。

2. 明理兴趣。主要分为两大类，一类是棋艺，主要是国际象棋、中国象棋与围棋，作为一、二年级的必修课。目的在于训练学生的思维能力。另一类是兴趣选修，主要是围绕多元智能结构开发八类兴趣课程，分年段走班选修。目的在于让每一位学生都拥有自己的兴趣课，并热衷于去学习，发现自己的优点。

3. 明理社团。包括四点半课程（学生自由选修），精品社团，感统训练及心理辅导四个方面。

（三）兴趣选修课程

主要分成两大类，一类是必修的兴趣课，如棋类；另一类作为兴趣选修，主要根据美国加德纳的八大智能来开设的兴趣选修课程。即，语言言语智能、数理逻辑智能、视觉空间智能、身体动觉智能、自然观察者智能、人际交往智能、音乐节奏智能、自知自省智能8个方面。具体如下：

"明理教育"兴趣选修课程		
课程类别	课程方向	课程名称
语言言语智能	戏剧（课本剧）、小品主持、小记者	明理教育之声
数理逻辑智能	棋类、模型、计算机、生活创客类	明理教育之智
视觉空间智能	绘画、摄影、沙盘游戏或者沙画艺术	明理教育之美
身体动觉智能	球类、健美操、舞蹈、形体、手工	明理教育之动
自然观察者智能	科学探究、动植物研究、种植	明理教育之奇
人际交往智能	茶道、导游、社会服务、领袖营	明理教育之爱
音乐节奏智能	声乐、器乐、音乐欣赏	明理教育之音
自知自省智能	写内省日记，团体辅导，社团服务	明理教育之自觉

以上课程根据学校现有的师资及实际情况，有计划、有步骤分步实施。不求一步到位，但是作为课程总体的框架，条件成熟时就实施，边实施，边改进，不断学习，逐渐完善。

第四节 明理教育的课程实施

明理教育课程的实施，呈现在真实灵动的项目式进阶课堂，主要由两部分要素组成：一是项目式学习，主要是课堂形态。项目式学习，培养学生的学习主动性和积极性。改变传统课堂教师一言堂，学生学习被动，缺乏兴趣与好奇的特点。要化被动为主动，化消极为积极，化厌学为乐学，就必须把学习的主动权交还给学生，将课堂上的以教为主，以教师为中心，转换到以学生的学为主，以学生为中心，通过以问题为核心的项目式小组合作学习来改变课堂形式，以真实灵魂贯穿学生的学习过程。在儿童成长的关键时期，通过课堂留给孩子终生难忘的美好印象。二是学习进阶，主要为课堂的实施方法与策略。学习进阶也称学习进程，是对学生在各学段学习同一主题的概念时所遵循的连贯的、典型的学习路径的描述，一般呈现为围绕核心概念展开的一系列由简单到复杂、相互关联的概念序列，使每一个学生的学习，都建立在已有的知识经验基础上，循序渐进，从而增强学生的学习自信心与学习兴趣。

  项目式进阶课堂的实施需要尊重、热情与保护三种情感作为基础。斯坦纳认为，有三种感情，是教育工作中的基本力量，那就是尊重、热情和保护。首先教学过程中最大的尊重就是对学生与生俱来的学习天性的尊重，每个孩子与生俱来的本能，就是热爱学习，充满好奇心、拥有丰富的想象力与探究欲。真正有效的课堂，一定是充分尊重学生这种天性的课堂。而能够充分尊重学生天性的课堂，只有在把主动学习的权利交还给学生的时候才能够做到。其次是热情，通过教师满腔热情的工作态度，带给孩子们一种积极向上的人生态度，使课堂成为培养学生阳光心态常用的平台。最后就是保护。保护，意味着我们施加给孩子的任何教育影响，都不能够以违背学生的自然天性为代价。孩子的安全需要成年人的保护，孩子与生俱来的天性更需要保护。保护了孩子的天性，就是保护了孩子的成长，保护了孩子的未来。

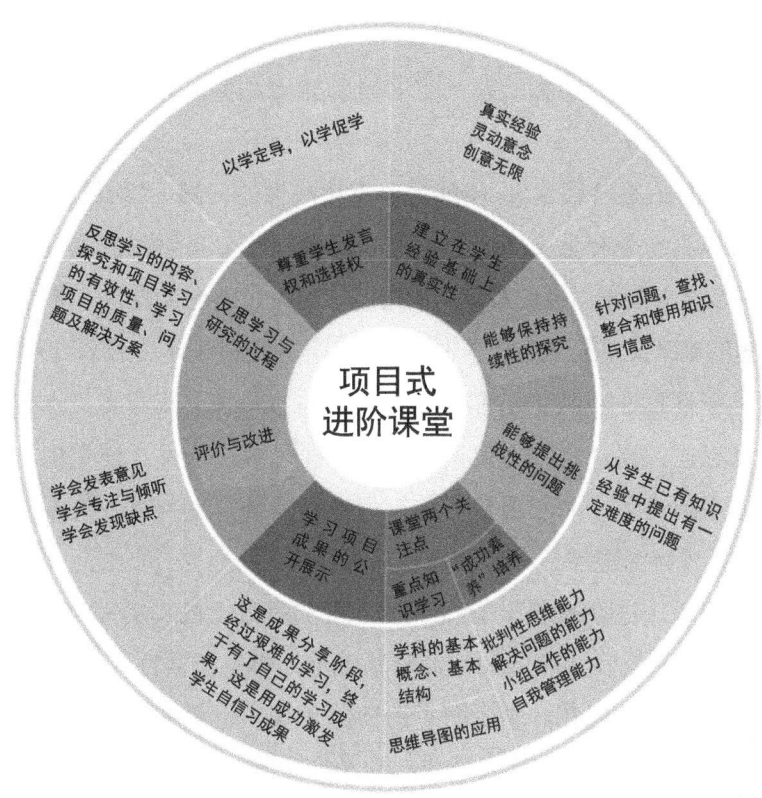

湛江经济技术开发区第四小学"项目式进阶课堂"结构示意图

一、"项目式进阶课堂"的内涵

1."项目式进阶课堂"的课堂关注点主要有两个：重点知识的进阶式学习；培养"成功素养"。一方面，关注课程标准下各学科重点知识的学习，掌握学科知识的逻辑框架，能够通过思维导图形成纲要式的知识图谱；另一方面，在这个过程中，关注学生"成功素养"的培养，这些"成功素养"主要是四个方面：

一是学生的批判性思维能力。主要体现在学生的发散性思维、质疑精神，能够分清事实与观点的差别。学会逻辑推理及利用事实支撑观点。

二是解决问题的能力。懂得从当前的条件出发去寻找问题的解决方法。

三是团队协作的能力。在小组合作学习过程学会与他人协作，懂得合作的价值与意义。

四是自我管理的能力。有一定的自制能力，懂得有效地约束自己，配合当前的学习任务。

2."项目式进阶课堂"，能够提出有挑战性的问题。"项目式进阶课堂"的核心是解决一个有意义的问题。这个问题应该来自学生的生活经验与已有知识，是建立在学生经验基础上的问题，同时，问题又具有一定的挑战性，但是问题的难度又不能难到让学生望而却步，避免打击学生的学习兴趣。

3."项目式进阶课堂"，能够保持持续性的探究。即学生针对提出的问题，可以查找、整合和利用知识与信息，探讨解决方案。使学生的课堂学习能够循序渐进，主动应用自己的知识经验去探究新问题，为学生的学习铺设台阶，使学生能够借用台阶增进认识深度。

4."项目式进阶课堂"，建立在学生经验基础上的真实性，使学生每一次的学习，都建立在已有的知识经验基础上。学生在项目式的学习过程中，其真实性一方面体现在，学生面对的问题是真实世界的真实问题，学生应用真实的工具和评估标准、成果或产品会产生真实的影响，比如环保课程，所有的环境问题都是真实存在的，解决环保问题的知识也都是真实的。充分考虑学习围绕的问题是否能够真实地表达学生个人的兴趣爱好或生活中关心的问题，也就是回到陶行知先生提出的学生的问题与知识都来自学生的活动经验与切身体验。

5."项目式进阶课堂"，充分尊重学生的发言权和选择权。学生需要对学习的项目有自己的发言权，包括做什么和怎么做。整个过程充分尊重学生的兴趣，调动学生探讨的积极性。以学定导，以学促学，让学生在学习中品尝学习成功之后的乐趣与自信。

6."项目式进阶课堂"，不断反思学习与研究的过程。学生和老师在项目学习过程中需要针对各个环节进行反思，包括学习的内容、探究和项目执行的有效性、项目成果的质量、项目中遇到的问题及解决方案。

7."项目式进阶课堂"的评价体系。学生需要提出及接受意见和建议，并知道如何基于反馈来改进他们的执行方案，完善他们的学习成果，以此培养学生的专注与倾听的能力。

8."项目式进阶课堂"的学习项目成果公开展示。小组完成项目之后，需要当场向同学和老师阐释、展示或者呈现他们的项目成果。在不同的小组之间互相比较鉴别。

以上八个方面全面展示了"项目式进阶课堂"的真实内涵。

二、"项目式进阶课堂"的实施要点

（一）长短课结合

课程中既有70分钟的大课，35分钟的长课，还有25分钟的短课，以及10分钟的微课。长短课的设置是根据学习内容和学生学习方法而定的，但总体教学时间不变。

（二）分散与集中结合

两类课程均有按周教学与集中教学相结合的方式。以品德与素养领域课程为例，一般以周课时的方式进行教学，但每学期安排1-2次集中学习，学习时间为两周或者四周合并，集中半天或者一天进行实践性学习。

（三）引进iPad设备进课堂

让学生有自主个性化的学习，小组合作，学会使用思维导图，使用PPT演示方式展示自己的学习成果。

（四）打造有生命温度的完美教室

"明理教育"是以明理文化为背景，在校园文化、班级文化布置美化中突出一个"理（礼）"。教室是学生在学校里感受最直接、体验最深刻，时间最长的地方。让学生拥有一个具有生命温度的完美教室是十分必要的，这是所有学校课程与课堂能够有效实施的关键所在。

1.教室布置充分体现爱与美的主旋律，使教室成为充满生命活力，拥有爱与美的地方，让教室成为对学生有持久吸引力的地方。

2.让教室成为学生表达自己的地方。给学生留下施展才华的空间，给教室的空间留白，让教室的留白处流动着师生的情谊。

3.给每一位学生都留下一个小小的个人展,一个都不能够少,真正体现全体、全面、平等、个性。

4.营造和谐美丽的班级文化,如让每个班都有自己的班级名称,有自己的班徽 LOGO 标志,比如是一只昆虫或者其他一个标志,有自己的班歌等。

课堂案例:

"进阶式"培养学生的阅读能力

湛江经济技术开发区第四小学 梁春梅

学习进阶是近十几年的美国科学教育改革中的一个新兴的概念。其内涵概括为:学生关于某一核心知识及相关技能、能力、实践活动在一段时间内进步、发展的历程,表现为特定知识、技能和能力的潜在发展序列。学习进阶的思想认为学习是一种不断积累、发展的过程,是需要经过许多个不同的中间水平,而在一定的时间范围内,依靠恰当的教学策略,学生对这一知识、能力的理解和运用便会逐渐发展、不断成熟,而这种发展变化也绝非简单的线性、单维度的,而是多种因素相互联系、相互作用的结果。在小学语文教学中,阅读能力主要包括认读能力、理解能力、感受能力等,它们呈现一种递进的阶段性,前后关联,互为补充,形成一个完整的阅读能力纵向系列。语文学习的过程也是有一个从"学会"到"会学"的"进阶"过程,教师在语文教学上对核心知识或某项关键能力设计好"脚踏点",也就是"台阶",可以让学生在这"进阶"中逐步深入的理解、掌握及提升。基于此,我进行了"进阶式"培养学生的阅读能力的探索。

一、打牢进阶基础,培养学生认读能力

认读能力,是指学生拿到一篇新课文,通过自读,能把生字词的字音读准,结合文本语言环境初步感知一些词语的意思,把课文读正确、读流利的能力。这是阅读过程中最基本的能力,也是整个阅读过程的基础。准确认读表现在对一些音形义混淆、容易读错、容易写错的字以及对同义词、

反义词的辨析。准确认读还表现在，认读时不错字、不减字、不增字、不重字、不倒字。读得正确，不仅能锻炼语言的感知能力，而且能促进对语言的理解和记忆。

培养学生的认读能力是阅读教学初读阶段的重要目标。认读能力是阅读教学应重点培养的基础能力。我培养学生认读能力的做法：一是放手让学生读课文，初步感知课文内容。叶圣陶先生说过，阅读一篇课文的第一步应当是"通读全文""知道文章之大概"。按照小学语文新课标的指导要求，要让学生能够独立阅读课文，教师就必须放手让学生去阅读，并要逐步养成阅读习惯。二是让学生读准读顺，初步理解字词的意思。阅读教学要以识字为先决条件，培养学生的认读能力。随着学生学习生活面的扩大，识字途径的增多，应尊重学生的认知基础进行教学，对待生字不要平均使用力量。以《虎门销烟》一课为例，在学生初读课文之后，可以进一步提出自学要求：读课文，遇到"寨、泄、侮"等生字多读几遍，读准字音，读通课文；联系上下文或借助工具书理解"水泄不通""欺侮""嚣张"等词语的意思。在学生自学之后，可以借助生字表检查字音，借助语言环境理解词语。三是给学生充分的自主读书时间，把读通读顺训练落到实处，不读错字、不添字、不漏字、不重复、不回读，停顿恰当，这是培养阅读能力最重要最基本的要求。

这样，教师"无为而为"地设计"台阶"，一步一步地培养学生初读课文，学生才能读通课文，才能掌握课文的主要内容，初读课文也真正有了效果，学生的认读能力也就会在这"进阶"中逐步深入提升。

二、突破核心问题，提高阅读理解能力

阅读理解是指对文本中词句、段落、篇章、写作方法以及所表达的思想内容的理解。理解的过程是从对语言形式到对内容的理解，从部分到整体的理解。这个过程就是学生理解能力不断进阶的过程。理解能力是阅读能力结构中最核心的因素，也是语文教师培养学生核心素养的一个重要方面。如何让学生的阅读理解能力逐步进阶呢？

(一) 结合生活实际，引导阅读理解

学生的阅读理解能力是在情景和生活实际中发展起来的，是从形象具体到抽象。所以我们要尽量地激活学生的思维，使学生充分感受课文所描绘的生活，产生身临其境之感，有助于提高学生的阅读兴趣和理解能力。如教学《玲玲的画》这篇课文时，"端详"这一词语，学生一下子难以理解，我通过模拟"端详"（认真仔细看）的动作来让学生感悟。"奖、叭、催、脏"等字，也是运用生活经验，让学生在组词和说话中认记。又如读爸爸说的一段话："好多事情并不像我们想象的那么糟。只要肯动脑筋，坏事往往能变成好事。"这是课文的中心句，有较深刻的教育意义。我让学生联系课文和自己的实际，说说对这段话的理解。学生在交流中明白了它有两层意思：一是在生活中对待事情好坏的态度，我们不能把一些暂时没有做好或不小心做错的事情都看成是坏事情，因为好坏是可以转变的；二是遇到事情办得糟糕的时候，我们不能惊慌失措，要沉着冷静，开动脑筋想一想弥补的办法。这里的"坏事"是泛指做得不如人意的事情，并不是指违纪违法之类的坏事。所以在阅读教学中把学生的理解引到生活情境中，就可以帮助他们对课文的理解。

(二) 依据文章特点，研读提升理解

要真正读懂一篇文章，光了解词句的表达作用还不够，还需要了解文章的结构布局，从整体把握，所以还应让学生学会段、篇理解的方法。理解时时紧扣核心问题，引导学生思维方向，进入思索的境界，以浅化难点、平化坡度，使学生进入自我求通的境界。那么段、篇理解如何进行？尽管文无定法，但有规律可循。首先要让学生了解各类文章的基本阅读方法，以及与此相关的表达方式、表现手法。其次了解分析段的基本手法，划分层次，归纳段意，理清段落层次之间的关系与联系，注意段落层次之间的过渡与照应。比如《圆明园的毁灭》一课，课文的第一自然段概括阐明了圆明园的毁灭是中国乃至世界文化史上不可估量的损失，与文章结尾提到的"我国这一园林艺术的瑰宝、建筑艺术的精华，就这样化成了一片灰烬"首尾呼应。作者的痛恨、惋惜之情跃然纸上。第二自然段至第四自然段详尽地介绍圆明园的布局、建筑风格及收藏文物的珍贵，再现了圆明园当年的宏伟壮观。第五自然段用精练、准确的语言介绍了圆明园毁灭的经过。我引导学生讨论，课文写的是圆明园的毁灭，为何在篇幅上大量地写圆明园的辉煌，而对于毁灭却只有一小段呢？学生通过研读文本的表达方式，再到理清段落层次之间的关系与联系发现，这样写是为了反衬英法联军的残暴、野蛮，也反映当时清朝政府的腐败、无能和落后，更反映了作者对圆明园的毁灭而感到惋惜，所以作者要用那么多笔墨写圆明园昔日的辉煌。这样既可以帮助学生理解这篇课文内容，又可以教给学生谋篇布局的方法。

如果每一堂精读课教师都能做到有目的、有层次，设"台阶"地对学生进行训练，久而久之，学生自然就学会了这些理解课文的方法，学生的阅读理解能力也一定会有所提高。

（三）借助现代技术，助力阅读理解

运用多媒体课件进行教学，可以把多种信息媒体如文字、声音、图形、图像、视频、动画等与计算机交互控制功能有机结合，具有生动性、趣味性和明了性的特点。恰当制作、合理使用多媒体课件，对突破教学难点——帮助学生理解文章的复杂内容具有重要作用。如课文《葡萄沟》仅用了几句话叙述葡萄干的制作过程和形成原因，这对于缺乏生活经验的低年级学生来说，单靠教师采用传授、口述等，是难以掌握课文内容的，还会觉得枯燥、难以理解。而通过应用现代技术教育手段，进行动画的动态演示，让学生观看葡萄干制作过程的动画，通过看、读、议、想，顺利地理解在制作过程中关于"利用流动的热空气，把水分蒸发掉"等语言文字之间的关系，葡萄干的形成原因和制作过程一目了然，顺利地完成了教学重难点目标。

另外，借助媒体在课堂上营造一种与文本内容相一致的氛围。如选择一些和文本类似的故事、录像片段等，就能为学生打通一条生活世界与文本世界之间的理解之道。如在《邱少云》一文的教学中，上课伊始，我先向学生介绍一些解放军战士抗洪抢险的英勇事迹，并播放几组真实的镜头让学生观看。这样做的目的是进一步拉近学生与文本的距离。因为学生身边的英雄人物与邱少云的事迹相比，还是有很大的差距，而补充内容与文本内容在思想境界上高度更为接近，正好弥补了这一差距，这时再引入课文，学习就显得顺理成章，水到渠成了。

三、实施群文阅读，提升综合感受能力

群文阅读教学，是教师在一个单位时间内指导学生阅读相关联的多篇文章。群文阅读教学是拓展阅读教学的一种新形式，关注学生的阅读数量和速度，更关注学生在多种多样文章阅读过程中的意义建构，对全面提高学生的语文素养具有重要意义。

在群文阅读教学的过程中，我的策略有：一是快速阅读的策略，包含默读和略读、浏览，这也是人们在日常生活和工作中常用的阅读方式，我有意识地渗透这些快速阅读的策略。二是整合信息的策略。群文阅读教学，不拘泥于单篇文章阅读时的字词理解，而是侧重在大量阅读中提取信息，综合思考，我有意识地渗透整合信息的阅读策略，培养学生比较、综合、概括、归纳等阅读能力。三是质疑讨论的策略。群文阅读教学，不同体裁、不同表达形式、不同语言风格、不同作者的文章，给学生带来了丰富的信息量和巨大的思考空间，也给学生带来了许多疑惑，难以全面理解，需要在交流讨论中厘清。我有意识地渗透质疑讨论的阅读策略，鼓励学生从不同角度表述自己的观点，提出问题，和同学进行讨论。引导"求同"阅读，让学生寻找群文共同点；通过对比阅读，引导"求异"阅读，发现群文的不同点。

"教是为了不教。"这句话既道出了教学的目的，又道出了学生掌握方法后能自主获取知识，去寻求发展的能力。在教学中，教师要设计好阅读学习"台阶"，让学生习得方法，就等于将一把阅读钥匙交给了学生，学生的阅读能力也就在"进阶"中逐步深入和提升。

第五节　明理教育的课程评价

一、对学生的课程评价

学生既是课程评价的对象，也是课程评价的主体。学生作为课程学习的主体，通过对课程的学习，可以了解自己的兴趣、学习需要、遇到的问题以及存在的不足，从而养成"自主学习""自我反思"的行为习惯，使得课程评价的诊断、反思、调节功能得以实现。另外，学生对课程的评价还反映在对教师课程教授的评价。不论是从课程内容的选择上，还是从授课方法上，学生的反应可以促使教师了解学生对课程的看法与观点，同时也可以促进师生之间的交流与沟通，从而为教师更加有效地进行课程实施提供帮助。对学生的课程评价有以下几种方式：

1.学分记载卡：用于记录学生拓展性课程学习情况，每学期一张。

2.开放之星记录本：将学生平时基础性学科学习中，每次的课堂、作业、学科活动中的表现以不同色彩的星星来表示，记录得到星星的情况，作为学生综合评价的基础。期末可申请该星级的"明理少年"，学校审核通过后进行奖励。比如，五个绿星，可以换一个黄星；五个黄星，可以换一个红星；五个红星，可以换一个"明理学子"称号。

3.学生成长记录册：一学年一册，将学生在各科学习过程中的收获、行为习惯、操行、家校联系都呈现在手册上，直观地反映学生的成长历程。

4.学校引进学生成长电子档案袋管理：每个学生都有一个自己的电子档案袋，平时教师上课能够及时用评价魔法棒将学生的表现信息输入学生成长电子档案，让评价日常化、过程化。通过"明理目标小达人""十大卓越、百位榜样、千名专项"等一系列评选活动，充分体现评价的管理功能，不断挖掘学生自身潜能，激励自我成为他人的榜样，以评价促进学生发展，引导学生努力的方向，让明理教育处处开花。

二、对教师的课程评价

教师是课程评价的主体,因为教师不仅是课程选择的决策者之一,也是课程的实施者。中国台湾学者陈美如明确地指出:"唯有当课程评价成为教师教学生活中的一环时,改进动力才能源源不绝。"因此,在课程实施的各个阶段,需要对教师进行课程评价,以此了解在课程实施过程中的优点与不足之处,为之后更好地授课奠定基础。

1.一个学期组织一次学生满意度调查。如通过对学生发放调查问卷,及时了解每位老师的上课情况。

2.通过学生座谈,了解教师上课情况,找出需要进一步改进的地方。

3.每个学期,学校开办一次"明理教学节"展示教师上课风采,评选学校星级教师。

4.综合评定教师课程实施情况。

5.制定制度,对社团指导老师增加课时津贴、社团成果奖励,期末评选优秀社团指导教师,给予一定的精神及物质奖励。在绩效考核中增加课程开发的项目,让每个教师都积极地加入校本课程开发与实施中。

第六章　明理教育模型与教学模式

　　明理教育模型将经开区四小明理教育理念归纳整合，划分为知、情、意、行四个阶段，它从整体到部分、从综合到分层，最后又回到整体，帮助我们客观地认识明理教育的全过程，指导我们从明理认知走向明理实践，最终实现知行合一，达到明理笃行、弘毅致远的教育目标。在此基础上，四小以教学质量提升和核心素养落实为宗旨探索出了"生疑—绽思—活用"的进阶教学模式，将明理教育理念融合在教学中的基本环节、具体操作和实施路径上，以期明理教育在教学中践行，在教学中发展。

第一节　明理教育模型

　　模型是人们按照科学研究的特定目的，在一定的假设条件下，用物质形式或思维形式再现原型客体的某种本质特征，诸如关于客体的某种结构（整体或部分的）、功能、属性、关系、过程等。① 明理教育模型将明理教育理论分为四个阶段：第一重境界——知，知道有什么，集中在乡土特色的资源开发；第二重境界——情，通过组织教育活动建立亲切感，达到情智融合；第三重境界——意，从特色办学中塑造价值观，进行学理渗透，培养学生兼备家国情怀和国际视野的核心素养；第四重境界——行，明理笃行、弘毅致远，最终实现知行合一。明理教育模型对经开区四小实施的明理教育进行了简化描述，它指明了明理教育的实施路径。因此，明理教育实施至

---

① 孙小礼，张增一. 科学方法中的十大关系[M]. 上海：学林出版社，2004：199.

少包括四个层面：明理之知、明理之情、明理之意，由知、情、意的全面发展最终引向学生弘毅致远的明理之行。

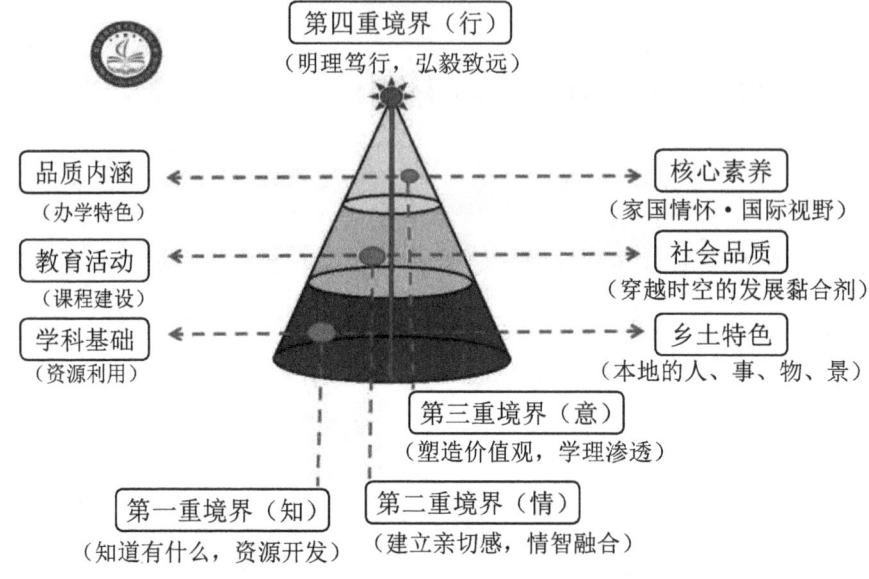

明理教育模型示意图

一、第一重境界——知

知、情、意、行中，"知"是基础。在明理教育模式中，"知"聚焦在学科基础上，指认知，即知道明理是什么、有什么。对于基础教育阶段的学生来说，理解"明理是什么"这一概念过于抽象，因此我们将它具体为学校所在地的"明理路"来开展具有乡土特色的主题探究活动，在活动中渗透明理教育，发展学生的感知觉、注意、思维、学习和想象，以活动育人，以活动培智。

在这一阶段中经开区四小对乡土特色资源进行了充分开发与挖掘，开展了以下一系列关于"路"的主题探究活动：

★介绍一条你最喜欢的"路"；

★读一本关于"路"的故事书；

★讲一个关于"路"的故事；

★用"路"字组一串词、写一段话、写一篇作文；

★了解一个关于"明理路"的人和事；

★背一首关于"路"的诗歌；

★画一幅关于"路"的画；

★写一幅关于"路"的书法作品；

★唱一首关于"路"的歌曲；

★做一份关于"路"的简报或思维导图；

★开展一次关于"路"的变迁的小研究；

★开展一场关于"路"的游戏；

★开展一次关于"路"的诗歌朗诵会；

★开展一次关于"路"的知识展示或汇报会；

……

学生作品一：

求学之路

湛江经开区第四小学二（2）班　李沛滢

湛江有许多的路，如友谊路、逸仙路、青岛路、光复路等，但在这些路中，我最喜欢的是明理路。这条路位于湛江市开发区，我们美丽的学校就坐落在这条路上。每天上学，我都会经过这条路，这是我名副其实的"求学之路"。

明理，即明辨是非、知书达理，这也是我们学校的校训之一。明理是读书人达到的一种通达慧明、明晓事理的境界，而我也将朝着这个方向努力，让自己成长为一个明理之人。

路名：明理路

位置：湛江市经济技术开发区

寓意：明辨是非，知书达理

作用：★★★★★

推荐指数：★★★★★

（指导老师：黄素娴）

学生作品二：

陪我成长的路

湛江经开区第四小学三（2）班　谭雅心

  我们学校门口有条知名的大路，它有个响亮的名字——海滨大道，它是湛江市最繁华的主干道之一。它依海而建，宽阔的马路两旁高楼林立、绿树成荫。在我的记忆里，从我出生开始，这条路就一直陪伴着我的成长。

  我的家也在海滨大道旁边，在我刚刚蹒跚学步，走路还东倒西歪的时候，爸爸就经常牵着我在海滨大道上散步。听妈妈说，刚刚学走路的我，却很想学着大人一样走路。见到坑就想跳，见到马路牙子就想爬，总以为自己可以跑，可以跳，就想撒开爸爸的手自己走。没想到走几步就会摔一个跟头，每次摔跤我都哭着找爸爸抱，爸爸总会摸着我受伤的手鼓励我说，走路要一步一步走稳，看好路，不平的地方不要走，不要太着急，否则你就会摔跤。不过摔倒了也没关系，勇敢地爬起来，如果怕摔跤你是学不会走路哦。有了爸爸的鼓励，我小心地走，摔倒了爬起来继续走，慢慢地，我可以自由地奔跑了。

  当我上学的时候，每天都要经过海滨大道，马路上车水马龙，我好害怕，每次过马路都要牵着爸爸的手，让爸爸送我到马路对面。爸爸鼓励我说，虽然路上的车很多，过马路很危险，但是如果我们遵守交通规则，就是安全的。爸爸给我讲解什么是安全交通规则，为什么要走斑马线过马路，教我看红绿灯，告诉我如果不遵守交通规则，就会酿成大祸害人害己。刚开始我一直没有勇气，终于有一天，我按照交通规则认真看红绿灯，等所有的车都停下来后，鼓起勇气自己走过了斑马线，我高兴极了，爸爸站在马路对面看着我也开心地笑了，并对我竖起了大拇指。

海滨大道这条路很宽很长，它不仅美丽壮观，也让我在这条路上学会了跑，学会了跳，还学会了如何过马路，学会了遵守交通规则。它陪伴了我的成长，让我学会了在成长的路上做任何事情不能急于求成，学会了面对困难的时候要勇敢和坚强，学会了做任何事情都要遵守规则。爸爸说路虽然是给人走的，但是要走正确的路，我们才能走得更稳更远。

路名：海滨大道

位置：湛江市海滨大道

寓意：坐落在海边城市的海滨大道，有海风吹拂，海水相伴，惬意而美丽。

作用：美丽的海滨承载着湛江人民对更加美好生活的向往。

喜欢指数：★★★★★

（指导老师：麦倩霞）

在学生创造的作品中，路从有形到无形，反映了他们在第一阶段的学习中掌握了学科基础性知识与技能，如写作、绘画、唱歌等。只有掌握这些知识与技能，学生才能从基础的认知进入更深一层次的学习和想象中；也唯有如此，学生才能对明理教育形成整体的感受和认知。同时，教师要认识到，学生不是空着脑袋进入教室的，他们有自己的阅历与经验，他们有自己所在年龄发展阶段的特点。因此，教师在开展主题探究活动中，要适时地引导、适当地放手，让学生充分想象、幻想和创造，留下美好的记忆。

二、第二重境界——情

"情"是指情绪、情感，即通过参与明理教育活动所感受到的正向情绪，在课程活动中建立亲切感，产生情感共鸣，获得与自身认知水平相统一的情感体验，从而外化体现在行为上，这种行为不受外在条件约束，是自发地遵循内心情感的产物，最终自然而然地达到情智融合的效果。

这一层次的重点是让学生感受在明理教育活动中的情感体验，建立情感联结。同时，教育活动具有启智的作用，用教育活动培养学生的情感，促进学生成为既用认知的方式，也用情感的方式行事的情智融合、知情统一的人。以下是经开区四小在此阶段开展的教育活动：

★四"境"教育活动

★学科渗透

★主题学习（探究、交流）

★亲子活动（一起学习探究）

★研学旅行

★小手拉大手活动

……

扣好人生扣，一起向未来

——湛江经济技术开发区第四小学少先队员入队仪式暨校歌发布会

初升的朝阳照射着大地，胸前的红领巾映照着笑脸；那抹红色，如朝阳般带来热情与活力；那份责任，如火炬般带来收获与希望。

2022年5月30日上午，在这个播种希望的季节里，在这个激动人心、令人难忘的美好时刻，我们迎来了盼望已久的"湛江经济技术开发区第四小学一年级学生入队仪式"。

为了让新入队的学生了解更多的少先队知识，学校大队部推出了"喜迎二十大，争做好队员"系列队前教育课，为入队做准备，帮助准队员们了解"七知六会一做"。通过队前教育，孩子们知道了中国少年先锋队的历史及基础知识，认识了队旗、队徽、红领巾，学会了唱队歌、系红领巾以及宣誓和呼号等，开启了他们少先队生涯的美好征程。

入队仪式当天上午，一年级同学们精神焕发，一个个小脸上洋溢着开心灿烂的笑容。他们在老师的带领下，整齐地排好队等待着他们人生中第一次意义重大的、激动人心的时刻——加入光荣的少先队组织。

在熟悉的少先队出旗曲中，旗手们踏着整齐的步伐，精神抖擞地进行着庄严的出旗仪式，少先队入队仪式由此拉开帷幕。在悦耳动听的《出旗曲》后，全体学生在安老师的指挥下唱响《中国少年先锋队队歌》。队旗下，队员们的歌声无比嘹亮。

随后，由林文智校长宣读组建一年级少先队组织的决定，宣布新队员名单，并对新队员入队表示热烈祝贺，愿新队员们在星星火炬的指引下，从小立志、明理善思、全面发展，用优良的品质、强健的体魄、良好的行为习惯为鲜艳的红领巾争得荣耀，不负所望，茁壮成长！

紧接着，激动人心的时刻到了！三年级的优秀少先队员代表们手持鲜艳的红领巾来到一年级新队员的面前，为他们戴上红领巾，并将最好的祝福给予了一年级的弟弟妹妹们。这是星星火炬交接的时刻，更是爱党爱国精神的传递！从此，鲜艳的红领巾飘扬在胸前，无上的光荣涌动在新队员们的心中。

新队员佩戴好红领巾后，在大队辅导员黄老师的带领下，队员们进行了庄严的宣誓。看着胸前飘扬的红领巾，新队员们决心好好学习，报效祖国。

一（4）班小瑜代表新队员发言，她表达了对入队的喜悦和对辛勤培养学生们的老师们的感谢，并表示将沿着革命先烈的足迹继续前进，听党的话，做党的好孩子。老队员代表小延，也向一年级新队员们给予了祝贺与期望，并时刻准备着为祖国的繁荣富强努力学习，为祖国的建设添砖加瓦，做一名合格且优秀的少先队员。

活动还聘任了一年级的班主任为一年级各中队的中队辅导员，大队部为新建中队辅导员佩戴红领巾，林文智校长为新建中队辅导员颁发聘书。

在黄老师的带领下，队员们进行了庄严的呼号。伴随着庄重的《退旗曲》，隆重而神圣的一年级入队仪式告一段落。在光荣的队旗下，在星星火炬的见证下，队员们迈开了人生成长的第一步。

活动的最后一项是湛江经济技术开发区第四小学校歌发布。由一年级学生代表向大家展示校歌《明理，一起向未来》。校歌是校园文化的重要组成部分，是一所学校的灵魂，歌词与旋律承载了学校的文化和精神。我们的校歌《明理，一起向未来》，是由林文智校长作词，湛江著名的音乐人曾建彪作曲。词曲风格既诗意浪漫，又不失激情与坚毅，体现了我校的明理教育理念，教育同学们要求真向上，懂得感恩。

鲜艳的红领巾、嘹亮的歌声、红色的旗帜，代代相传，今天的"扣好人生第一粒扣子，争做新时代好少年"入队仪式是经开区四小少先队工作的一盏明灯，吸引着更多新鲜的血液，凝聚起更加蓬勃的力量之源。通过此次活动，少先队员进一步明确了肩负的光荣使命，让我们一起以实际行动书写美好的人生，一起向未来！

在这隆重的场合下召开少先队员入队仪式暨校歌发布会，学生们都洋溢着笑脸挺起了胸膛，在他们心里，成为一名少先队员，作为一名四小学子的骄傲和自豪油然而生。在这类明理教育活动中，学校注重培养学生的道德情感，将礼仪规范与道德情感相互融合，根植于心，则"生色也，睟然见于面，盎于背，施于四体，四体不言而喻"[①]。参与明理教育活动对人的情绪、情感的影响是长期的、持久的、潜移默化的，因此发自于内心诚挚情感的礼仪，体现在神色与气质上是清和润泽、舒服的，而且会在一个人的表情上流露，此时的礼仪充盈在人的一言一行之中。

三、第三重境界——意

"意"是指思想意志与价值观念的获得。在明理教育模式中，第三重境界——意，即在"知、情"两个阶段的基础上，从特色办学、明理课程中进行学理渗透，使学生形成正确的道德认识、思想意志与价值观，培养学生兼备家国情怀和国际视野的核心素养。明理教育是通过人对行为规范、准

---

① 万丽华，蓝旭译注. 孟子[M]. 北京：中华书局，2006：298.

则的认知与践行达到一个人自觉自律,并将其内化的过程,这样明理的行为才能持续稳定。当明理情感没有达到任运自然时,明理意志是保证明理行为持续稳定的重要因素,即在自觉自律之前要志,即"心之所至"是人心想要到达的目的,所以一个人的意志、正确的价值导向是行为持续稳定的保障,在进行明理教育时,要有目的、有计划地进行训练。在本阶段中,经开区四小主要开展了以下活动,进行学理渗透,塑造学生充满家国情怀,立足于国际视野的价值观:

★学科渗透

★榜样导航

★才艺演讲

★问题思辨

★案例剖析

案例一:才艺演讲与颁奖仪式

星光耀四小
——湛江经济技术开发区第四小学2021－2022学年第二学期
期末散学典礼

伴随着岁月匆匆的脚步,承载着勤奋耕耘的喜悦,我们圆满结束了一学期紧张而充实的学习生活。为促进本校教育事业持续、快速、健康的发展,进一步加强教师队伍建设,2022年7月9日上午,经开区四小举行了2021－2022学年第二学期期末散学典礼和学校总结会议,为本学期画上圆满句号。

"七月是收获的季节,也是展望的季节!"在主持人黄露老师甜美的声线中,经开区四小"星光耀四小 平安迎暑假"2021－2022学年第二学期散学典礼拉开了序幕。

林文智校长在散学典礼上讲话，给同学们分享了石头变佛像的励志故事，从而教育同学们"吃得苦中苦，方为人上人"；还提醒同学们在暑假期间要注意"交通安全、用电安全、防溺水安全"等，提高生命安全防范意识。最后，林校长告诫同学们要合理安排好自己的学习时间，希望全体同学无论何时何地，个人的言行举止都要体现四小学生的良好精神风貌，争做四小明理少年。林校长的讲话，温暖人心而又充满力量。学校为了增强全体同学的防溺水意识，由黄露老师带领全体学生进行防溺水宣誓，随后组织同学们进行签名。

花香似海育英才，硕果满枝成栋梁。本学期同学们在各个方面都取得了骄人的成绩，全校共评选出30多位"明理小达人"。教导处梁春梅主任公布获奖情况，校领导为获奖学生颁奖。老师像红烛，燃烧自己照亮了别人；老师像石子，默默铺筑历史的跑道。紧接着，老师们带来《献给老师的歌》的朗诵表演，以此感谢全体教职工的辛勤付出。

为了感谢老师们一直以来的谆谆教导，学生向老师行谢师礼，90度鞠躬，15秒深情流露，由衷地表达了学生对老师的感恩之情。接着学生伴随着优美的音乐表演《万疆》及《孤勇者》，二（1）班的同学们踏着轻盈的舞步向我们走来，他们用最真挚的歌声，赞美祖国的大好河山，并带领大家唱《孤勇者》，深受学生们的喜爱，现场气氛达到了高潮。

在嘹亮的歌声中，散学典礼正式结束，大家迎来了快乐的暑假。

案例二：阅读思辨

《我的母亲叫中国》读后感

湛江经开区第四小学二（1）班　何思晓

最近，我阅读了苏叔阳先生写的《我们的母亲叫中国》这本书。

此书是专门为我们少年儿童写的，作者借助优美神奇的神话传说向我们讲述了女娲造人的故事，平添了一种神秘色彩，增添了读者阅读兴趣。书中记述了我国的地势、气候、物产等方面的特点，描写了我们的祖先和众多兄弟民族的繁衍，既写到了中华民族悠久的历史沿革及主要特征，也讲到了中国向世界奉献的发明创造。

读了这本书，我对祖国的历史、地理和文化有了更加深入的了解，民族自豪感和身为中国人的自信心油然而生。祖国的发展是祖祖辈辈，一代又一代人努力奋斗的结果。"少年强则国强"，我们作为新时代的少先队员，生在红旗下，长在春风里，一定要牢记历史，坚定信念，传承红色基因；好好学习，克服困难，顽强拼搏，以祖国繁荣富强的目标为己任，为祖国的建设增砖添瓦。我感到祖国是我们心中永生的母亲，我们五十六个民族都源自一位伟大的母亲，不论我们居住在哪里，都是同胞兄弟姐妹。祖国母亲，我爱你！

（指导老师：吴伟云）

案例三：生活思辨

"奇奇"和"怪怪"的生活记

湛江经开区第四小学三（1）班　邝源耿

家里养了两只小鹦鹉，它们有着镰刀似的嘴巴和一双宝石似的眼睛，唯一的区别是羽毛的颜色不一样。为了表达我对它们的喜爱之情，我给它们起了个名字，一身湛蓝色羽毛的叫奇奇，而一身碧绿色羽毛的叫怪怪。在和奇奇、怪怪的日常相处中，我明白了很多人生道理。

刚养它们的时候，它们的胆子特别小，与我也不太亲近。不过在我的精心照顾下，它们慢慢地与我熟络起来。每天我最开心的事——放学后回家逗它们玩，而它们每次见到我也会特别开心，总会飞过来用头蹭我的手，就这样我们友好地相处了很久。

忽然有一天，我像往常一样过来与它们玩耍，却惊讶地发现它们的羽毛掉了好多，这使我有些好奇，它们究竟发生了什么事？才会搞得两败俱伤。我转身走进了厨房，向妈妈询问，奇奇和怪怪发生了什么事？妈妈很快就解答了我的疑惑，原来奇奇和怪怪因为食物打了一架，所以才让自己受伤了。我听后有些伤心，为什么它们之前还相处得那么好，现在却不喜欢对方了呢？它们俩都是我的好朋友，我不希望它们闹矛盾。

接下来的时间，我的情绪不太高涨，妈妈似乎也发现了我的不对劲，便把我叫到一旁，对我说："奇奇和怪怪只是在跟对方闹着玩呢！你看看，你和你姐姐不也经常因为玩具闹着玩吗？每当你和姐姐闹别扭的时候，妈妈也会担心，你现在这样的心情就是妈妈当时的心情。不过这都是很正常的事，它们明天就会和好的，亲兄弟哪有隔夜仇呀！"其实动物就跟我们人一样，也是有感情的。

听完妈妈的话，我顿时恍然大悟。果然，当我第二天再见到奇奇和怪怪的时候，它们已经和好了，还在嬉戏玩耍呢。

感谢我喜爱的鹦鹉们，给我上了一节生动的人生哲理课，让我明白了两个道理：第一，动物跟人一样，我们要想与它们交好，就只有用真心换取真心，正因为我对它们的关心和照顾，奇奇和怪怪才会接纳我，与我建立良好的关系。第二，每一段关系中都会有矛盾的产生，但是这似乎并不是一件坏事，反而会让双方的关系变得更亲密，就像我和姐姐的关系一样，这便是我们独特的相处方式。

（指导老师：唐红梅）

赫尔巴特曾说过："我不承认有任何无教育的教学。"明理教育也遵循教育性教学原则，对学生进行情感教育、价值观的教育，注重运用多种教学资源来发挥明理教育理念对学生的教育与引导作用。"明理笃行，弘毅致远"的校训是我校对四小学子在小学时期的价值塑造。我校按照儿童的成长周期，将小学六年的学习期按照两年一个阶段，分为低（明理启程）、中（明理知行）、高（明理修远）三个进阶学段。每一个学段的养成主题，蕴含在每一天的微观秩序中，从踏入"明理门"的100天"敬净静"好习惯、

180天"明理启程"主题教育,到8岁小成人礼、10岁天空的"知行"生日会,再到12岁毕业"修远"……每一步都影响着儿童成长的宏观秩序。在微观秩序与宏观秩序的构建中,让儿童的价值观逐步形成、积淀和确立,从而迈向"博学雅行"的人生。

四、第四重境界——行

"行"是指行为与实践,也是明理教育模型的最高境界,它贯穿于"知、情、意"这三个阶段中。"行"是对"知、情、意"的检验,学生通过前三个阶段认识了何为明理教育,通过参与明理教育活动感受到了正向情绪,在明理课程中形成正确的道德认识、思想意志与价值观,最终走向知行合一,走向弘毅致远的明理之行。因此,为了达到明理笃行,弘毅致远的目标,在本阶段中主要开展了以下活动:

★明理少年见行动

★明理班级评比

★明理小达人、明理少年的评比

★明理教师评比

★明理家长评比

案例一:明理少年

何思晓详细事迹材料

何思晓同学以"新时代好少年"为榜样,严格要求自己,尊敬师长,团结同学,热爱集体,是老师得力的小助手,也是同学们值得信赖的好朋友。作为班长能以身作则带头维护班集体荣誉,按时到校,见到违反纪律的人和事能及时制止或告诉老师,发挥了满满的正能量。每天上午、下午放学坚持举班牌,组织同学们有序排队出校门;课余时间带同学唱《学习雷锋好榜样》以及《万疆》等爱国歌曲;跟同学分享爱国故事和成语故事;

关心学校的集体活动，承担起队干工作，如统计明理班级获奖情况和主持升旗等。工作认真、细致、大胆，圆满完成一年级入队仪式的主持任务，得到学校领导和老师们的肯定。她还积极参加学校的各项集体活动，担任学校升旗仪式的主持人，经常是又要主持又要表演，忙得不亦乐乎！在学习上她认真听老师讲课，积极举手回答问题，认真完成每一科作业，在本学期学校组织的专项能力诊断比赛中荣获全班唯一的双百分。从一年级到现在，每学期都被评为学校的"三好学生""学习标兵""文体积极分子""优秀学生干部""新时代好少年"，是一名品学兼优的好学生。

该生在家里，尊敬长辈，孝敬父母，是一个独立自强的好孩子，并从小就养成了自己的事情自己做和按时作息的好习惯，学会自理自立。每天一放学就认真地做作业，从不让家长操心，做完作业就主动做力所能及的家务。

该生不仅在学校是个品学兼优的好学生，在家也是尊敬长辈，孝敬父母，且独立自强的好孩子，还是兴趣广泛、全面发展的孩子，课余时间学习舞蹈、阅读、钢琴、绘画、主持、书法、编程等。由于能吃苦耐劳和持之以恒，该生近年来共计荣获各类奖状、奖章60余张（次）。2020年10月获全国十八届少儿美术杯展评（小公主）二等奖；2020年12月获广东省钢琴协会少儿钢琴比赛二等奖；2021年6月获巴斯蒂安国际钢琴大赛粤西赛区银奖；2021年8月荣获全国第三届朗读大会总展百佳朗读奖和人气奖；2021年10月获全国第十九届少儿美术杯展评（森林之王）三等奖；2022年2月参加2021日中青少年书画交流大会、日中文化协会旗松亭赏，还参加了2022湛江电视台春节联欢晚会表演；2022年3月获广东省"金牛耳"杯书法大赛组委会书法一等奖。目前，节假日和晚上都在市艺术活动中心排练节目，代表湛江市参加三年一次的2022广东省群众艺术花会比赛（少儿艺术），这是全省群众文化规格最高、规模最大、门类最全、影响最大的少儿艺术赛事，端午节小长假三天都训练8小时，不怕苦不怕累，哪怕是掉层皮也要力争为湛江市捧回金奖！

案例二：明理教师

理念导航积极进取——明理教育引领我成长

湛江经济技术开发区第四小学　梁春梅

教师的成长没有捷径，但教师的成长有快有慢。参加工作15年，一直担任小学高年级语文教学及班主任工作。在前十多年的时间里，虽然也一直比较认真努力，但并没有明显的进步，时时有种徒劳无获的感觉。自林校长调到我校后，他以先进的教育思想和"明理教育"理念引领，以高超的教学技艺指导，以特有的人格魅力影响我，使我认真钻研，积极进取，精益求精，在专业上得到了快速成长。

"明理教育"让我喜欢上了阅读。阅读充实自我。"明理教育"让我喜欢上了研究，在这两年多的时间里精雕细琢，我不断完善教学设计、厘清教学思路，不断改进，不断提高，形成了自己独特的教学风格，也感受到了成长的幸福。我的专业得到快速成长，教学成绩显著，取得了喜人的成绩：录像课《读李白诗歌，品太白遗韵》荣获省一等奖并在湛江市校本研修成果会上展示；发表了10多篇论文，主编校本教材5套；主持和参与8项省市级课题研究；被评为区学习型教师、市骨干班主任、市小学语文攻坚组成员、省级骨干教师培养对象、湛江市名班主任工作室主持人、南粤优秀教师。

教学无止境，我一定还会再成长。在学习的路上，要走的路还很远很远；在学习的路上，希望还会有林文智校长的陪伴与帮助！

案例三：明理家长

优秀家长事迹

大家好！首先做下自我介绍，我是一（7）班小星的妈妈，我非常荣幸能当选为家委会成员，为孩子们的健康成长尽我的绵薄之力。

入学以来，在老师们的辛勤培育和悉心教导下，我们的孩子都有了可喜的进步，在此我代表各位家长对学校与老师们的辛苦付出表示衷心的感谢！

在各位老师与家长们的鼓舞和支持下，我诚惶诚恐地接过任务。这一年，我忙里偷闲热情参与到班级工作中，为咱们班级这个大家庭效劳。尽管这一年是忙碌的，但当孩子们一张张灿烂的笑脸浮现在眼前，家长们一句句温暖的话语仿佛还在耳畔，我的内心就会感到很幸福。在老师们的协助以及家长孩子们的配合下，我才能够配合学校开展好工作，认真履行学校安排的志愿者值日任务。平时有时间就主动早早到校，督促家长送孩子的停车问题，及时把学校对家长的相关要求传达给班中各个家长，认真负责班级的每一次活动策划，积极为孩子们的成长出谋献策。清楚地记得本班孩子们参加体检的时候，有几个胆小的孩子对体检中的抽血项目充满了恐惧，但是在我耐心地引导和陪伴下，孩子们清晰地意识到抽血并不存在剧烈和持久的疼痛感，而且在我的解说下，孩子们也清楚地明白了抽血只是体检的一项内容，并不会有剧烈的疼痛，在我耐心的陪伴和呵护下，本班孩子全部顺利完成体检的工作。对于这件事情，我感到非常的骄傲和自豪，也非常感谢老师能给我这个机会让我陪伴孩子的成长，也感谢家长们对我的信任和支持。在今后我愿意为本班的孩子和家长服务，为老师和学校的工作贡献出我的绵薄之力，记录孩子的快乐时光，培养孩子们集体参与精神，用自己的一份爱，让校园更整洁，让家长们更放心，让孩子们健康成长。

明理教育最理想的状态是知情意行的统一，这一理想状态分解在教育模型中，它指明了明理教育的实施路径。由知、情、意的全面发展最终引向学生弘毅致远的明理之行是明理教育的目标与归宿。

第二节　明理教育的教学模式

教学模式可以定义为是在一定教学思想或教学理论指导下建立起来的较为稳定的教学活动结构框架和活动程序。作为结构框架，突出了教学模式从宏观上把握教学活动整体及各要素之间内部的关系和功能；作为活动程序则突出了教学模式的有序性和可操作性。在明理教育理念的指导下，我校生成了基于"生疑—绽思—活用"进阶教学的模式建构，我们坚持理论创新与实践探索，以教学质量提升和核心素养落实为宗旨，开展"生疑—绽思—活用"进阶教学行动研究实验，深入探索"生疑—绽思—活用"进阶教学的基本环节、具体操作和实施路径。在研究与实践的过程中，我们逐渐建构了"生疑—绽思—活用"进阶教学模式，不断探索、完善和修正，最终成型定模。事实证明，"生疑—绽思—活用"进阶教学的模式建构是非常成功的。

一、"生疑—绽思—活用"进阶教学的基本环节

"生疑—绽思—活用"进阶教学模式的框架，主要由"生疑""绽思"和"活用"三个基本环节构成。其中，"生疑"环节是整个教学模式的起点，"绽思"环节是整个教学模式的关键，"活用"环节是整个教学模式的终点。在这三个基本环节的教学中，教师应当准确把握教学要素和教学原则，使进阶教学不偏离正轨。值得注意的是，"生疑""绽思"和"活用"三个基本环节中都有相对应的学习方式和策略支持。在学习方式上，"生疑"环节指向"情境明标"，"绽思"环节指向"探索交流"，"活用"环节指向"内化应用"。在策略支持上，"生疑"环节主要有捕捉疑点、思索择疑、探寻追疑等策略，"绽思"环节主要有多元感知、思维视角、思辨求异等策略，"活用"环节主要有聚集重点、训练内化、活用提升等策略。这里主要是阐述"生疑""绽思"和"活用"三个基本环节在教学实施时需要把握的要素与原则。

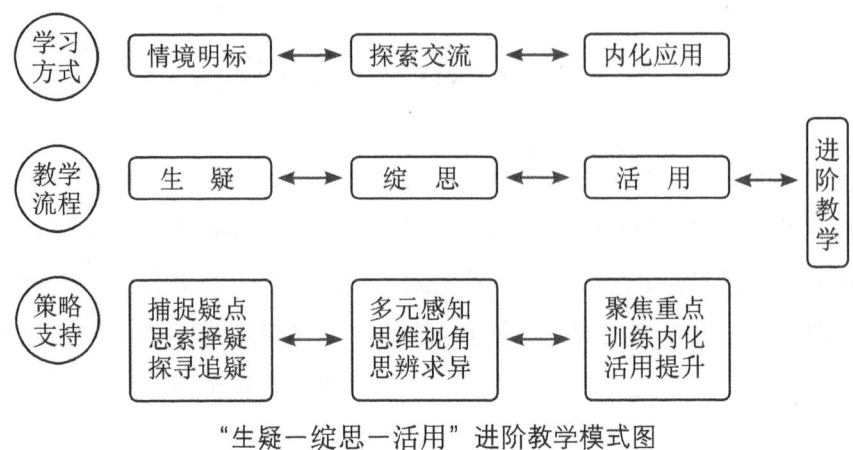

"生疑—绽思—活用"进阶教学模式图

（一）"生疑"环节：进阶教学的起点

在"生疑—绽思—活用"进阶教学模式中，"生疑"是第一个基本环节，是整个教学模式的起点。"疑"是思维的开端，是产生求知欲望和兴趣的源泉。小疑则小进，大疑则大进。"生疑"，首先要激发和培养学生的问题意识，这是进阶的基石；其次要鼓励学生质疑问题，自主学习，这是进阶的动力。

1. 教学要素

（1）问题意识，自主求知

学起于思，思源于疑，问题源于好奇心和求知欲。所谓问题意识，其实也就是人们发现问题、认识问题的一种思想自觉。人们有了问题意识，才能够自觉主动地去发现、分析、解决问题，才能促进事物的发展。在学习中，学生有了问题意识，就有了追疑探奇、自主求知的兴趣。

在进阶教学中，当新课伊始，学生突然发现新的知识与之前的有所不同，然后就开始思考产生这种现象的原因是什么，这就产生了问题。遇到问题就要解决，通过教师的帮助和自己的探索，学生逐渐掌握了新知识，使新知识与旧知识进行建构与重组。在解决问题的整个过程中，学生迫切想了解新知识，产生学习的欲望时即产生了问题意识。学生在自主学习、自由探讨后，激发了好奇心，产生批判性思维，从而拥有独立见解。在教学过程中,教师授课时的"问题意识"、学生听课时的"问题意识",能促使双方一起去解决所面临的"问题",通过解决新问题,鼓励学生总结和反思,有利于学生问题意识的激发与培养。

(2)质疑问难,激发动机

"疑"是思维的发端,"问题"是思维的动力,没有质疑就没有积极思维的动力。学生方面,将质疑理解为学生学习的一种方式,在面临新问题、新情境时,在思维中产生了某种不确定性,于是就会激发探究的动机。教师方面,可以将质疑看成一种教学策略,在教学中适时提出问题,鼓励学生提出问题,将师生提出的问题通过合作探究方式来解决,抑或是教师在授课结束前留有一定时间让学生提出不懂的问题,并集中解疑。

进阶教学中的质疑,不是单向的,只有学生一方在教学中质疑而教师不加以引导,学生就慢慢地失去了质疑的动力。同样,只有教师一人在课堂上抛出疑问,学生不主动配合,也不是高效的课堂教学。在上课伊始,创设良好的问题情境,使学生想问,激发学生的学习动机;创设生动有趣的生活情境,引发学生发问,使之见疑生趣,激发其探索欲望,促使学生结合自己所学的知识对文本产生一些疑问,或者对以往所认同的观点有所怀疑,重新提出新的见解或观点。那么,学生在学习这一知识过程中,认知水平就会在一定时间内达到一定层次的进阶发展。

在课堂教学中,培养学生的问题意识,让学生学会在质疑中探索求知乃是课改的应有之义,是促进学生积极思维、有效思维乃至创造思维发展的重要手段,也是转变学生学习方式,促使其实现进阶发展的重要途径。要想鼓励学生质疑问难,就要让学生敢于质疑、乐于质疑、善于质疑。

2. 教学原则

(1)开放性

在开放性的进阶式课堂中,教师是课堂教学的组织者和主导者,是意义建构的帮助者和引领者,是学生行为习惯的规范者和模仿者,会留给学生相当多的空间去思考和拓展,以达到对课堂情境更深入的阐释和理解,并且在特定的条件下成为一种信息源,通过他们的不断介入,达到向外辐射的目的。

开放性是"生疑"的核心,开放是多样式、多层次的,而开放的深度和广度影响着进阶教学质量的提高与否。"生疑"的开放性主要体现在鼓励学生生疑,促使学生善于提问,通过创设各种情境来引出学生的疑问。只有坚持"开放性"的进阶教学,才能保持源源不断的原动力,才能保持广阔的视野和兼容并包的治学胸怀和姿态。

（2）启发性

在古代,就有教育家提出了"启发"教育。孔子提出了"不愤不启,不悱不发",《学记》中的"道而弗牵,强而弗抑,开而弗达",都阐述了教师的作用在于引导和启发,而不是牵着学生的鼻子走。[①] 在整个进阶教学过程中,教师要根据学生的认知规律和水平以及思维的发展特点,抓住重点难点进行讲解,既要做生动形象、妙趣横生的描述,又要设置疑问、制造悬念、提出问题,娓娓道来,发人深省,唤起学生的求知欲望。

"生疑"的启发性,主要是指在教学伊始,通过问题情境的"台阶"启发诱导,引导学生积极思考,使学生在原有知识水平基础上产生认知冲突,启发学生主动发现问题,激发学生探究学习的欲望,达到培养学生问题意识的目的。

（3）趣味性

"兴趣是最好的老师。"布鲁纳提出的"发现式教学法"的第一个步骤就是从儿童的好奇心出发,提出学生感兴趣的问题。所以,教师在课堂教学中要注重"趣味性",以引起学生的关注。学生在学习新知识前,心理上处于一种平衡状态,而当新知识与旧知识内容或结构出现矛盾冲突,原有的平衡心理会被打破,认知的冲突也随之产生。学生为了恢复到原有的平衡心理状态,就会发自内心地产生解决问题的需要,而学习则是重建心理平衡的最佳途径。生疑,对于学生学习动机的激发极为有效。

---

① 张梅珍.启发性教学模式在实践教学中的运用[J].科教文汇（上旬刊）,2009（19）:21+23.

"生疑"的趣味性体现在：在课堂的初始环节，根据学情选择合适的材料，用以吸引学生的注意力；在导入上，结合教学内容适当地运用灵活的导入策略激发学生的学习兴趣，促使学生产生认知的冲突，产生提出问题、分析问题和解决问题的心理需求。

（二）"绽思"环节：进阶教学的关键

在"生疑—绽思—活用"进阶教学模式中，"绽思"是第二个基本环节，是整个教学模式的关键。绽思，注重学生的思维培养，绽放并拓展学生思维，以"问题驱动"实现"深度教学"，让课堂充满灵动、生机和活力，着力促进学生对知识的理解，较好地提升学生的核心素养。一个绽放思维的进阶教学课堂，必然能最大限度地接近学生的真实思维，使学生的思维能得到展示和完善，并且能给学生一个安全的心理空间。

亚里士多德曾说过，思维自疑问和惊奇开始。有了问题，思维才有方向；有了问题，思维才有动力；有了问题，思维才有创新。"绽思"是以问题情境为导向的深度教学，让学生在思维品质的广泛性和深刻性上得到锻炼，让学生真正在课堂上有一定的思维活动，促使学生绽放思维，从而深切地感悟并理解知识。

1. 教学要素

（1）探究启发，激活思维

思维是黑暗中的一盏灯，是迷失中的指南针，是认知的灵魂，更是形成各种能力的关键，而进阶教学描述的学习路径，包括知识以及学生学习知识时运用的思维方式。思维在智能系统中处于核心地位，一个没有思维的学生，不会是智慧的学生。提高学生的思维，关键在于使他们具有敏锐的思维能力、良好的思维品质和深广的思维空间。要达到这一目的，就要优化进阶教学课堂，培养学生主动、积极地探究文本信息的习惯和能力。

在教学过程中，教师要善于运用探究式教学方式和启发式教学方式，引导学生对问题与知识进行探究，启发学生深入思考，促使学生已有的知识经验与新问题产生矛盾从而进一步产生认知冲突，学生为消除认知冲突以实现新的认知平衡会迅速激活旧的知识结构,从中选择和接受相关信息,并对信息进行有目的的加工。这样能够有效地唤起思维注意,激起思维兴奋点,以饱满的激情投入新的学习中。学生产生的认知冲突可以帮助自我明确学习任务,确定学习方向,产生自主学习的动机。[①]再者,教师在设置问题时要注意层次性,所设问题的难度应该是循序渐进、由易到难的。教师提出的问题必须能够激活学生的思维,诱导学生主动思考,最终使得学生能够通过自己的努力,运用知识解决具体问题。

(2)智慧碰撞,发展思维

培育学生的思维品质,构建以思维为核心的教学体系,是发展学生核心素养和进阶发展的重要途径。学生智慧的火花常常在交流中精彩绽放,充分利用和发掘教材资源,通过对文本的学习,形成学生的学习意识,培养学生的学习能力,发展学生思维的深刻性和广泛性,更好地提升学生的素养。

课堂上,培养学生的思维素养,关键在于善于刺激反应,创造时机,让学生从多个角度分析问题,找到多种思路来解决同一个问题,激活学生的思维,让他们的交流产生智慧的火花,进行智慧碰撞,获得自我的丰富与发展。学生的思维只有被有效激活,才能在思考问题、分析问题时全面合理,才能产生新的看法。这样才能培养学生的创新思维能力,帮助学生获得成功的体验,形成积极乐观的心态。因此,培养和发展学生的思维品质,构建以思维为核心的进阶体系,是实现进阶教学目标和发展学生核心素养的重要途径。

2.教学原则

(1)发展性

时代在发展,教育内容和教育方式也要与时俱进。在信息多元化的今天,受教育者不断受到来自外界的"信息袭击"和"教育攻击"。发展性在于教育活动要有利于受教育者的知、情、意、行的发展,审美的发展,以

---

① 王洪宾.基于学生认知冲突的课堂教学策略[J].中学生物教学,2011(09):1-17.

及行为策略的发展,满足受教育者的未来价值需要。①因此,受教育者要不断追求自我的突破和发展,这样才能在激烈的竞争中脱颖而出。

"绽思"的发展性,是指除了注重知识的获得外,还要重视学生思维能力的发展;不仅要注重结果,更要注重学生的发展和变化的过程。"绽思教学"是发展性的课堂教学。从某种意义上说,学生思维品质的形成与教师的发展性思维有着极为密切的联系,教师思维的开放与发展是实施进阶教学的关键。

(2)主体性

孔子提出的"因材施教""有教无类",被认为是主体性教学原则的萌芽。近现代众多教学论思想体系的核心都聚焦在如何在教学过程中构建和凸显学生的主体地位的问题上。"主体性"核心强调承认并尊重学生在教育活动中的主体地位,尊重学生的个性差异,尊重学生的认知水平和思维发展的差异,将学生看作能动的、发展的个体,坚信每位学生都有发展的潜能,不包办、不强制不同个性、不同水平的学生同向、同时发展,允许学生对同一问题有不同的见解和看法。

"绽思"的主体性,主要是指鼓励学生质疑、解疑,积极参与讨论,逐步构建学生的主体地位。学生是课堂学习的主体,教师的"教"要紧紧围绕学生的"学"来进行,让学生探究问题时碰撞思维,绽放思想,建构新知识,从而让认识和思维上升到一个新的台阶。不过,虽然新课程改革理念突出了学生的主体地位,但我们也不能够忽视教师的引导作用。

(3)民主性

民主性原则是指教师在课堂教学过程中对学生人格、个性、主体地位及其他方面全面尊重的状态、现象。②教学民主性主要体现在充分尊重学生自由想象、大胆提问的权利,尊重学生的个体差异,尊重学生自由选择行为方式的权利。教师要转变传统的教育观念,树立新型的教师观和学生观,

---

① 陈丽如.可接受性原则和发展性原则对现代德育的意义[J].成都教育学院学报,2006(12):22-23.

② 李年终.关于课堂教学民主性的思考[J].广西社会科学,2002(02):215-217.

充分尊重学生的意见和建议，与学生共同探讨、学习和进步，做到教学相长，共同促进。在日常生活中，教师要放下"架子"，拉近与学生的距离，做到平易近人。

"绽思"的民主性，主要是指在师生多维互动时，创设宽松、自由、民主的课堂氛围和心理环境，消除学生在课堂上的紧张感、焦虑感和压抑感，促使学生的思维处于放松和活跃的状态，鼓励学生自由想象、大胆提问，尊重学生自由选择学习方式的权利，尊重每个学生的个性和气质，尊重学生的合理要求，鼓励学生积极主动地参与进阶教学活动中，并提出建设性的意见和建议。

三、"活用"环节：进阶教学的终点

在"生疑—绽思—活用"进阶教学模式中，"活用"是第三个基本环节，是整个教学模式的终点。孔子曾提出："举一隅不以三隅反，则不复也。"他还要求学生"由此以知彼""举一反三"，这些都是指先前的学习对以后的学习的促进，是学习中的迁移"活用"现象。在学校教育过程中，教师不仅要向学生传授知识，更重要的是让学生学会学习，掌握获得知识的方法，使学生在学校里获得的知识、技能和态度可以用来解决将来在学习中遇到的新问题，使学生学会学习。

"活用"，一般指灵活运用；在教育学上指学习者能将所学过的知识和技能进行表达和应用，还能够举一反三、触类旁通，并进一步将学到的知识进行推广类化，即在学习过程中遇到新的问题时，能够利用先前知识的积累和学习经验解决现在面临的新问题，并从中有效获取新的知识。

1. 教学要素

（1）迁移运用，内化于心

建立新旧知识之间的联系，实际上就是利用已有的知识经验对新的学习产生影响，即学习中的迁移运用。学生如果能将其运用于学习的实践过程中，那么在遇到新问题时，就能将新问题融入自己原有的认知结构，通

过原有的认知结构来理解新知识，解决新问题。① 在教学中，不同的学生可能有不同的知识结构和认知水平，因此他们对于同一问题的理解也就会存在不同。运用"活用"方式不仅能够解决新问题，而且巩固发展了原有的知识，使学生的知识结构不断地丰富和完善，还能够使学生学会运用"活用"方法来解决问题，透过不断变换的问题看到本质，提高学生分析问题、解决问题的能力。

在教学中运用迁移"活用"方式，就是让学生学会学习。学生学会学习，是通过教师的"教"内化为学生的"学"而实现的。教师不仅要教会学生知识，而且要教给学生学习知识的方法。那种靠布置大量的作业让学生机械地去记忆的方法虽然也能取得高分，但不能使学生掌握有效的学习方法，在遇到新问题时不能自己解决。要努力达到"教是为了不教"这一目的，让学生在掌握知识的同时学会学习，用已有的知识去解决新的问题，把迁移"活用"方式正确运用在学习的实践过程中，让学生在问题中加深对知识的理解，实现知识的迁移和认知结构的重建。

（2）拓展延伸，触类旁通

拓展延伸教学内容，是教师根据教材内容和学生的认知能力，将书本知识与课外一些有内在联系的知识结合起来进行举例论证、实践应用和追因溯果的过程。

教学内容的拓展，一方面是对学科新旧知识之间的联系进行拓展，引导学生对已有知识进行整合、加工，从而生成新的知识；另一方面是将学科知识与生活中的实际问题进行联系，帮助学生加深理解，增强实践能力。再者，根据教学内容的需要，鼓励学生对教材进行拓展、推测、想象、创新和补充，如组织学生对书本知识进行改编和补充，让学生还原教材、活化教材，变抽象为形象，变深奥为浅显，变枯燥为生动。教材往往受书面形式限制，"言虽尽，意未犹"，给学生留下了自由想象和思维推理的空间，这是提供给学生大胆想象、大胆创新的机会，通过改变学生的思维方式，

---

① 王小芳. 迁移理论在小学语文教学中的应用研究 [D]. 济南：山东师范大学，2010.

对教材进行重组，培养学生思维的变通性和灵活性。对于拓展的"深度"，应基于学生的认知能力，考虑学生的最近发展区，既不能低于学生现有的认知水平，又不能超出学生的最近发展区，以此促进学生触类旁通，进一步将学到的知识进行推广类化，从而有效获取新的知识。

1. 教学原则

（1）灵活性

灵活性，是指事物具有发展、变化的特性。活用，即是学生灵活运用所学知识解决实际问题，达到能力"进阶"。"活用"具有灵活性的特点，教学内容不是一成不变的，而是变化发展的。教材上的一些知识、观点较为陈旧，不能与时俱进。这时，教师就要用发展的眼光选取教学内容，以有利于学生学习新知识。

（2）多元性

许多教师的教学仅仅局限于教材内，只会围着教材转，不敢越雷池一步。因此，学生的知识面也局限于教材，知识面狭窄，不能满足现代社会对学生综合素质的要求。教师应改变教学观念，适度拓展教材内容，扩展学生的知识面。拓展教材内容，要以学生的认知需要和原有的认知结构为出发点，追求文本的多元解读，以教学内容为信息之源，纵横延伸，立体展开，恰当地引进与教学相关的内容，为学生知识的学习、能力的培养和情感的体验构建认知框架，发展和完善学生的认知结构。

（3）迁移性

"活用"理念对于进阶教学具有重要的指导意义。首先对于教师来说，运用"活用"理念来指导教学，能够更科学地安排教学内容，发现学生认知的规律，按照实现学习效率最大化的原则进行教学内容的安排；其次对于学生来说，"活用"理念能够培养学生的自主学习能力和独立思考能力，使学生从根源上掌握学习方法，学会学习。在这一过程中，教师起到抛砖引玉的作用，将有限的教材内容的学习作为学生掌握学习过程的引子，使学生在练习中将所学的知识加以巩固拓展，有助于学生学习能力的迁移。

二、"生疑—绽思—活用"进阶教学的具体操作

在"生疑—绽思—活用"进阶教学模式中,"生疑""绽思"和"活用"每一环节在教学设计中都应以生为本,根据教材内容及学情创设生动的情境,让学生"生疑",然后根据确定的核心问题引导学生的思维向深度、广度不断发展。在引导学生自主探究的过程中,要注重体验式教学,加强实际操作,让学生在做中学,在质疑辩论中明晰,在思维训练中促进学生能力进阶发展。现以小学数学"空间与图形"进阶教学为例,具体阐析"生疑—绽思—活用"进阶教学模式的操作程序。

(一)"生疑"环节:问题引领,探究未知

《义务教育数学课程标准》倡导数学教学要紧密联系生活实际。空间与图形的教学在生活中可以找到相应的模型。丰富的情境所承载的是生活中鲜活的问题,教学时应从学生的生活经验和已有的知识出发,利用实际生活中的实物、实物图片,给学生呈现"现实的、有意义的、富有挑战性的"图形材料,使学生从这大量的表象中充分感知,触发问题意识。爱因斯坦曾说过,提出一个问题往往比解决一个问题更重要。因为问题是引领学生开展自主学习活动的主线,是学习活动的核心,所以培养学生的数学问题意识,能引领学生的能力提升一个台阶。

1. 课前先学,思考生疑

课前先学,就是在学生学习新知识之前,教师以学生的认知发展水平和已有经验为基础设计核心的开放性的问题,让学生独立回顾与所学内容相关的知识经验、生活经验和思维经验,并发现经验与新知的冲突,也就产生疑惑并提出自己的问题,主动尝试思考解决,为学习新知识做好准备活动。先学是"自主学习"的源头活水,催生了学生的内驱力,能使学生在实现自我需要的过程中获得智慧、体验乐趣。

如在《比的意义》一课中,教师设计了这样的核心问题:你在生活中遇到或听到过"比"吗?你理解吗?学生的先学作业很丰富,按自己的经

验写出了他们认知水平的"比"。

生 A：妈妈买衣服时逛了好几家店，比一比谁家的便宜就在谁家买。"比"就是对比。

生 B：五年级竞选班长时，用投票方式，比比谁的票数多。"比"就是比较多少。

生 C：足球比赛时，美国队与中国队的比是 1 比 0。"比"可以用来记录比赛的分数。

生 D：我在药瓶子上发现了"比"。"比"可以表示不同药物成分的比例。

生 E：我在地图上发现了"比"。我知道"比"可以用来表示图上距离和实际距离的关系。

……

在这个学习"台阶"中，学生的记录折射出他们在学习前对"比"懵懂的认知，与"比"的意义存在差异。这些真实的想法正好给课堂学习提供了学习资源。课前先学，给了学生充分的尝试独立思考的时间，把课堂"有限"的时间改写为"无限"。这样学生就有了疑惑：数学上的"比"有这么多意义吗？"比"究竟表示什么呢？"比"与什么有关系呢？学生有了这些疑问，就能深入思考理解知识，变学为思，变学为诱。这样的自主先学，可以确保每一位学生都能独立思考，为后续的小组讨论、班级展示交流奠定基础；也可以课内讨论，使教师的教学重心放在指导学生的思维方式上，把时间集中投入更有探索价值的数学活动上。这样就提高了教学效率，使学生的学习活动更加深入，思维得到进阶。

2. 利用素材，引导生疑

现实生活中有许多可供数学学习的素材。因此，在课堂教学中，我们力求联系生活实际，充分有效地利用有价值的生活素材来补充教材，重组教材内容，创编教材。教师尽量把教材内容与学生的生活实际结合起来，把数学课本知识与生活中的数学问题结合起来，让学生在熟悉的景与物、人与事、学习与生活中发现数学问题，用数学知识解决生活问题，体验数学与生活的紧密联系。如四年级教材"三角形的认识"中的一组单车（修理）彩图，就是一个问题情境，我们应该引导学生去观察，去联想，去思考，使学生产生一串问题："为什么这些物体都采用三角形框架构成？""能不能用其他图形代替？""三角形有什么作用？"由此唤起学生的强烈探究欲望，促使学生主动参与求知活动。

3.创设情境，引发生疑

新课标把"是否具有问题意识，是否善于发现和提出问题"作为评价学生能力的重要标准。心理学研究表明：学生思维活动是从问题开始的，在解决问题中得到发展。创设问题情境就是要将学生置于问题研究的气氛中，使学生主动地发现问题、提出问题、分析问题和解决问题，以此来培养学生的问题意识。教师在创设问题情境时，要在结合知识和问题本身需要的同时关注学生的实际生活经验需求。如教"比例尺"时，通过出示中国地图引导学生观察，提出问题："中国土地面积那么大，怎样把它画在一张纸上的呢？""湛江到广州有多远？"让学生在头脑中产生疑惑"地图是按什么标准画出来的呢？"在教学中，创设情境的方法有很多，可以借助学生的生活事例、所见所闻创设有趣的活动情境、问题情境、故事情境等，让学生提出问题，激发好奇心，增强探究欲。

（二）"绽思"环节：亲历过程，思维进阶

"图形与几何"相对于"数与代数"来说，是一个抽象而复杂的教学，因而在实施这部分的教学策略时，要特别注意运用多种操作活动、多种学习方式表征几何图形的本质特征，让学生在亲历探究过程中认识图形。

1.课中导学，思辨启迪

学生在"先学"的时间内完成自己能力范围内的学习活动，把所有的疑惑记录下来，以备课内小组讨论。教师有选择地把学生提出的有针对性、代表性的问题集中探讨，如同桌式、小组式、异组式、师生式讨论等。这种分析问题和解决问题的方式，大大有效地拓展了时间和空间，让学生的观点产生碰撞，思维得到启迪，思辨能力得到锻炼。

2. 加强操作，深化认知

教学过程是一种积累和获得经验的过程。在每堂课中，都应有操作的过程，让学生在体验学习中绽放个性思维，深化认知。例如，对于测量长度的学习，教师可以鼓励学生结合生活经验尝试用不同的"单位"测量某一物体的长度。如，学生可能选择用铅笔、橡皮的长度等测量讲台的长度，这些铅笔、橡皮的长度就相当于一个一个的"单位"。在测量过程中，有的学生可能得到 7 支铅笔长，有的学生可能得到 35 块橡皮长等。无疑，这些活动不仅可以在测量长度中鼓励学生从事，还可以在测量面积、测量体积、测量角度中不断进行教学设计，这对于学生逐渐体会测量的意义是有好处的。然后学生会在互相比较中深刻体会到，要使沟通更加方便，统一测量单位是非常有必要的。

3. 数形结合，活跃思维

"数形结合"可以借助简单的图形、符号和文字所作的示意图，促进学生形象思维和抽象思维的协同发展，加强数学知识之间的联系，从复杂的数量关系中凸显最本质的特征。其主要策略有：（1）通过数形相助，帮助学生理解较抽象的数、数量关系，促进学生逻辑思维能力的发展；（2）通过数形相辅，使学生能将表达空间形状、大小、位置关系的语言或式子与其具体的形状、位置关系结合起来，建立数与形之间的对应关系，从而提高学生的空间想象能力；（3）通过数形相依，让学生展开发散思维，便于学生揭示数学问题的数量关系，激发学习兴趣；（4）通过数形相构，引导学生突破习惯性思维定式的约束，用数形结合的思想，开拓学生的解题思路，培养学生的创造性思维能力。例如，我们常用画线段图的方法来解答有关图形应用题，这是用图形来代替数量关系的一种方法；我们又可以通过代数方法来研究几何图形的周长、面积、体积等，这些都体现了数形结合的思想。

（三）"活用"环节：应用拓展，能力进阶

数学来源于生活，又服务于生活，这是学习数学的意义所在。"空间

与图形"的教学要使学生"运用图形与空间的知识解决现实生活中的问题并进行交流",只有紧密地联系实际生活,强化在实际生活中的应用,学生的空间观念才能形成、发展和进一步的巩固和提高。进阶教学的"活用"环节,就是训练学生灵活运用所学知识解决实际问题,达到能力真正"进阶"。

1. 回归生活,设计体验

实践应用不是练习题技能操练,而是一个学以致用、解决问题的过程。教学中,教师引导学生运用所学的"空间与图形"知识,解决现实生活中的问题,可有效地实现数学与生活的沟通,提升应用能力,凸显"回归生活学数学"的思想。如在学完新课《圆的认识》时,教师让学生用一些小木条和硬纸片等设计"下水道的盖子",并想想:"下水道的盖子为什么这样设计?"学生设计出来的有长方形、正方形、椭圆形、花心形、圆形等。学生设计的理由主要是:"因为这样的盖子好看。"这时教师又追问:"这样设计行吗?能否用数学知识去解释?"经过讨论交流和操作验证后,学生就明白:"因为同圆的直径都相等,圆形的盖子翻起时,它不会掉下去。"这样,学生体验到生活中处处有数学,处处用数学,体验到用数学知识解决生活问题所带来的愉悦和成功。

2. 联系实际,解决问题

在教学时,教师应着眼于学生已有的生活经验和实践经验,开拓学生的视野和学习的空间,最大限度地挖掘学生的潜能,使学生的学习与生活密切联系,提高运用所学知识解决实际问题的能力。如学生学习圆的有关知识后,教师出示了一道实践开放题:"学校教学楼有6个大圆柱,它们的占地面积有多大?你会求吗?"一开始,学生认为这是一道较难的题目,不能切,不能移,怎么办?经过讨论交流后,学生也就能够通过测量大圆柱的周长计算出半径,然后求出6个大圆柱的占地面积。这体现了学生不但能够实践,而且能够运用数学知识解决生活中的实际问题。

3. 分层练习，拓展运用

在"空间与图形"的教学中，不应该只关注学生对知识的探究过程，还要及时安排丰富的、多层次的数学练习，绽放思维，学生通过练习拓展和运用知识，对探索获得的方法、特征、结论更为深刻，并且内化成一种稳定的、清晰的知识结构，进而有效地发展学生的空间观念。只有重视练习的层次、维度、效度，才能使学生将所学知识运用于实际，达到拓展和运用知识的目的。

"空间与图形"作为小学数学四大内容领域之一，在数学教学中占有重要的地位。小学数学"空间与图形"进阶教学的探究，有利于了解和研究学生的认知水平，关注不同层次学生的思维特点，能有效帮助学生发展空间观念，激发学生的学习热情，进而提高学生在"空间与图形"学习上的效率。

三、"生疑—绽思—活用"进阶教学的实施路径

"生疑—绽思—活用"进阶教学体现了新颖的理念，"生疑—绽思—活用"进阶教学模式在教学实践中也彰显了蓬勃活力。在课题研究的历程中，我们通过制定行动研究方案、推进课例研究实践和落实校本研修机制，不断探索、提炼、完善和推广"生疑—绽思—活用"进阶教学模式，从而为"生疑—绽思—活用"进阶教学模式的建构与创新寻找了一条行之有效的实施路径，也为课堂改革打开了新局面。

（一）制定行动研究方案，探索进阶教学模式

行动研究是一种研究取向、一种专业实践形式、一种研究过程，对于教师来说，它是一种反思性的教学方式。教育行动研究是目前国际上流行的一种教师研究和教师校本研修模式，它强调以工作在教学第一线的学校教师为研究主体，针对自己在学科教学和班级管理中所出现的种种问题，在校外专业教育研究人员的指导下进行诊断和分析，找出问题的原因，制订解决问题的具体计划和方案，并对实施结果进行评估。如果评估结果不佳，或出现其他的问题，再进行诊断、分析，制定进一步方案，再进行实

施和评估，如此循环往复，使教学和管理行为不断得到改善与提高。行动研究就是实践研究，其基本原则就是改善实践。行动研究的过程，是一个不断澄清研究问题（即证伪）的过程，也是不断明晰问题解决策略的过程，这一过程体现了螺旋性和递进性。制定"生疑—绽思—活用"进阶教学行动研究方案，开展行动研究实验，是探索进阶教学模式建构与创新的重要路径之一。

1. 进阶教学行动研究方案的要求

（1）人员。本次行动研究的人员是教师与学生。学生既是学习者，也是研究者与实践者；教师既是研究者，也是设计者和指导者。

（2）时间。本次行动研究历时一年，每个实验的周期为3个月。

（3）研究方法。主要采取行动研究方法。通过行动研究，深入探索"生疑—绽思—活用"进阶教学的理论内涵、模式建构和实施策略，在多次的研讨交流中寻找亮点、发现问题和弥补短板，不断修订完善教学方案，提高教学实效。

（4）准备工作。行动研究的对象是湛江经济技术开发区第四小学低、中、高年级三个实验班学生，组建小学语文、数学和英语三个学科的行动研究小组，分别由教导处梁春梅副主任、陈梅城主任和英语科组林秀玲老师担任组长。以教学质量提升和核心素养落实为宗旨，开展三轮以上"生疑—绽思—活用"进阶教学行动研究实验，深入探索"生疑—绽思—活用"进阶教学的模式构成、操作流程和实施路径，从而明确其模式建构。

（5）基本目标。依托行动研究实验，探索"生疑—绽思—活用"进阶教学模式建构，形成具有学习借鉴价值的典型案例，提高课堂教学实效，培养学生的问题意识、实践能力和创造性思维，发展学生的核心素养。总结"生疑—绽思—活用"进阶教学模式的创新与实践所获得的有效经验，并进行应用推广，为广大一线教师提供学习借鉴。

2. 进阶教学行动研究方案的设计

第一轮行动研究的设计

（1）目标：探索"生疑—绽思—活用"进阶教学的基本内涵和模式建构。

（2）内容：围绕基本内涵和模式建构开展教学模式创新探索。

（3）行动：实验教师上第一轮研讨课。

（4）观察：观察进阶教学理念与模式在课堂实践中的落实情况，以及教师和学生在教学活动各环节中教与学的表现。

（5）反思：探讨第一轮教学实验是否达到预期目标，反思存在的问题，修改并完善教学设计。

第二轮行动研究的设计

（1）目标：探索"生疑—绽思—活用"进阶教学的模式建构、实施策略和典型案例，发现问题并提出改进策略。

（2）内容：围绕模式建构、实施策略和典型案例进行研究与改进。

（3）行动：比较第一轮的研究，完善教学设计；进行第二轮实验，实验教师上研讨课。

（4）观察：观察进阶教学模式各个环节的实施效果，看教师和学生分别在进阶教学模式中的教学表现和学习表现，并比较与第一次行动研究的异同。

（5）反思：反思本次实验是否改进了存在的问题，是否已接近预期目标。

3. 第三轮行动研究的设计

（1）目标：进一步印证"生疑—绽思—活用"进阶教学模式的可行性和实效性。

（2）内容：围绕"生疑—绽思—活用"进阶教学模式的建构与创新进行研究和验证。

（3）行动：比较第二轮的研究，完善教学设计；进行第三轮实验，实验老师上研讨课。

（4）观察：观察进阶教学模式的教学实效性，以及教师和学生在课堂中教与学的表现。

（5）反思：与第二轮行动研究比较，本轮实践是否重在厘清进阶教学模式各环节的科学性，同时提炼典型案例，提升教师的研究力。

（二）推进课例研究实践，完善进阶教学模式

课例研究起源于日本，是以学生学习和发展中出现的问题为研究对象，以教师为主导，通过集体合作确立主题、设计教案、上课和观课、评价与反思以及分享成果等促进教师专业发展，进而促进学生学习和发展的循环过程。课例研究是行动研究在课堂中延伸出的一种深化模式，其本质上依旧是一种行动研究。课例研究的主要特征包括研究性、合作性、情境性和间接性。在课例研究中，教师能通过实践、观摩、反思、交流、探讨等活动，实现共享价值、共同创造、共同成长、共同探索、共享生命体验的教师专业成长共同体的过程。课例研究增强了教师的科研意识，助推了教师自身专业化水平的提高；同时实现学校"教学与研究的一体化"，引领学校教研文化，提升学校教育科研水平。根据行动研究方案，推进"生疑—绽思—活用"进阶教学课例研究实践，提炼并完善进阶教学模式，是实现进阶教学模式建构与创新的重要路径。课例研究的实施步骤主要包括确立主题、设计教案、上课和观课、评价和反思、分享成果等步骤。现简要阐述"生疑—绽思—活用"进阶教学课例研究的步骤。

1. 确立主题

研究主题来源于教学实践中存在的问题，只有从现实问题中确定的主题才具有研究的价值，才是课例研究真正的起点。实际上，发现问题只是课例研究主题确定的第一步。在发现问题之初，教师对问题的认识和理解在很大程度上仍是模糊的，有待进一步厘清。因此，从发现问题到主题确立还有一个不断精细化的过程。教师确定的问题必须是围绕着学生的，是学生目前遇到的问题或将来可能会遇到的问题，而不是教师主观臆想出来的问题，通过解决该问题促进学生的学习和发展。为了做到这一点，就需要对学生进行观察和充分了解，一旦明确了研究问题，就可以将其提炼成研究主题。

"生疑—绽思—活用"进阶教学的课例研究主题，就是"如何在课堂教学中有效实施'生疑—绽思—活用'进阶教学模式"。这是一个统领性的、明确的研究主题，指引着教师不断探索进阶教学模式建构与创新。

2. 设计教案

在课例研究中，教案有着极其重要的地位和作用，美国学者将其视为课例研究的基石，日本教师则认为一份详尽的教案是课例研究能否成功的关键所在。课例研究中研究课设计不同于传统教案设计。首先，研究课设计是由课例研究共同体内所有成员共同参与完成的，强调教师集体备课；其次，研究课设计是基于传统教案并根据研究主题进行设计而来，既有共性又有特性；再次，研究课设计之初需要教师开展实证性的学情分析，以便真正了解学生已有的知识基础、经验、兴趣，学习新知识可能会遇到的困难以及适合学生学习的方式等；最后，研究课设计需要在查阅资料的基础上进行，对于如何解决确定的问题要有较为清晰的认识。

基于"生疑—绽思—活用"进阶教学模式的教案设计，应充分考虑学生的最近发展区，按照"生疑""绽思"和"活用"三个基本环节来设计教学的关键环节，同时彰显进阶教学理念。

3. 上课与观课

在课例研究中，上课是对研究课设计的检验，观课则是为了从课堂实践中发现问题和不足，从而进一步修改研究课设计，这两部分是缺一不可的。因为正在上课的教师必须对学生的反应立即做出判断，没有充裕的时间去思考这么做是否合适或者能否做得更好，而观课教师则正好可以弥补这一缺陷，这使得上课的教师能够更加客观地了解自己的教学。另外，集思广益的研讨可以为下一轮研究课设计提供丰富的资源。

根据"生疑—绽思—活用"进阶教学模式，实验教师按照经过集体备课设计好的教案进行上课，形成研究课例，而观课教师按照《基于进阶教学的教师教学效果评价表》进行观课。这显然不同于一般常态课的观课，要求观课教师带着课前安排好的研究任务，以特定的观察点有针对性地观课,以求达到研讨交流,解决问题的理想效果。

4. 评价与反思

在课例研究中,评价与反思是一个甚为关键的环节。在这一点上正如佐藤学教授所言:"研讨教学问题的目的绝不是对授课情况的好坏进行评价,因为对上课好坏的议论只会彼此伤害。"[①]评价与反思的焦点应集中在授课中的"困难"和"乐趣"、学生的反应,通过该实施课例是否达到了预期的目的以及如何进一步完善等方面,其目的是进一步修改教学设计以更好地解决学生学习和发展中的问题。通过课例的研讨分析,对教师在课堂教学过程中的关键点进行剖析和评价,既有充分的肯定,又有一针见血的缺失指正,使与会教师具体形象地领悟对课堂教学中"关键事件"的把握和处置方法,思考教学行为跟进,上课教师根据课例研讨和评价意见撰写教学反思。

在"生疑—绽思—活用"进阶教学课例的评价与反思中,要探讨教学实验是否达到预期目标,反思存在的问题,修改并完善教学设计,验证进阶教学模式各环节的科学性与可行性,同时提炼典型案例,提升教师的研究力。

5. 分享成果

在一个课例研究结束后(并非一轮),教师一方面解决了学生遇到的问题,另一方面也提高了课堂教学质量,促进了自身的专业发展。教师通过与他人分享和展示自己的成果,不仅可以对其他教师产生积极的借鉴作用,还可以激励自己进一步开展课例研究以获得更深层次的发展。教师共同的合作与成果的分享,让课例研究更富有价值和意义。

---

① 佐藤学.静悄悄的革命——创造活动、合作、反思的综合学习课程[M].李季湄译.长春:长春出版社,2003:67.

"植"入进阶教学思想 提升学生数学素养
——《数学广角——植树问题》教学案例

一、案例背景

学校：湛江经开区第四小学 年级：五年级

授课教师：林文智 教材版本：人教版

二、教学设计

（一）设计思想

新课标指出：有效的数学学习活动不能单纯地依赖模仿与记忆，动手实践、自主探索与合作交流是学生学习数学的重要方式。同时指出：学生是数学学习的主人，教师是数学学习的组织者、引导者与合作者。"数学广角"的教学目的主要是让学生体验知识的形成过程和感悟数学思想方法。本单元不是让学生记熟规律、熟练解决与植树问题相类似的实际问题，而是把解决植树问题作为渗透数学思想和方法的一个学习支点，在教学中注重学生的经历与操作，引导学生积极参与试验过程，关注学生试验分析、讨论、交流、质疑等。因此，要让学生先猜测（生疑），再动手操作、实践验证（即化繁为简的思想），让学生的思维和学习能力得到提升。

（二）教学目标

1. 知识与能力目标

（1）利用学生熟悉的生活素材，通过动手操作等活动，让学生感悟、掌握间隔数与棵数之间的关系。

（2）会应用植树问题的模型解决一些相关的实际问题，培养学生的应用意识和解决实际问题的能力。

（3）渗透化繁为简、一一对应的数学思想，培养学生借助画图解决问题的意识和能力。

2. 过程与方法目标

（1）在学生大胆猜测的基础上，引导学生用直观的方法进行验证，进而产生矛盾冲突，使学生很自然地体验"复杂问题简单化"的解题策略和方法。

（2）通过自主探究让学生发现一条线段上三种植树情况的规律。

（3）学习过程中，通过小组合作、交流讨论等活动，提高合作意识，充分发挥学习的主动性。

3.情感、态度、价值观目标

培养学生的分析意识，养成良好的交流习惯，感悟日常生活中处处有数学，体验学习的成功和喜悦。

（三）学习者特征分析

本班学生对这类探究性比较强的知识的学习积极性很高，尤其是小组合作交流解决问题的能力往往会出乎我的意料。所以，在设计本节课时针对学生对间隔排列的规律在生活中有初步认识的基础上，着力于通过从实际生活中抽象出间隔排列，并使学生通过观察、比较、探索，从而找出间隔排列的物体的规律。

从学生的思维特点看，五年级学生仍以形象思维为主，但抽象思维能力也有了初步的发展。虽然具备一定的分析综合、抽象概括、归类梳理的数学活动经验，但是要真正地理解"植树问题"的规律，抽象出其数学模型，并对这些规律的理解、掌握，灵活运用其规律解决相关的"植树问题"却有一定的难度。这部分内容放在这个学段，说明这个内容本身具有很强的数学思维和很大的探究空间，既需要教师的有效引领，也需要学生的自主探究。

（四）学习内容与任务分析

"植树问题"是经典的奥数内容，教材设置在五年级上册"数学广角"的目的是让所有的学生都学习，说明这一教学内容是离学生生活很近的一种数学问题，如孩子对于这一问题的各种现象（种树、在路边安装路灯、挂灯笼、排队、爬楼梯、锯木头……）虽然有一定的生活经验，但是在解决问题上容易混淆。教材将"植树问题"分为两端都栽、只栽一端、两端都不栽这三种情况，使学生经历将实际问题抽象出数学模型的过程，掌握植树问题中棵树与间隔数之间的关系，并能利用这一关系解决简单的新的实际问题。因此，在教学时应从实际问题入手，让学生通过动手操作、合作探究、猜测验证、比较分析、归纳总结等活动来发现隐含于不同的情形中的规律，体验这一数学思想方法在实际生活中的应用。教师不能机械地教学生学会公式和抽象的模型，要让学生在经历"生疑—绽思—活用"的思维进阶过程中，探索建立模型和数学思想方法，从而达到能力提升的目的。

重点难点：

1.搭建"台阶"让学生经历规律的获得过程，理解"棵数"与"间隔数"之间的关系，建立数学模型。

2.让学生用所学的方法解决一些简单的实际问题。

（五）教学定位与策略设计

"植树问题"在本节课里，学生第一次接触到，根据课程标准的精神，学习的主要任务定位在"能将植树问题推广到生活中的其他问题中，学会通过画线段图来分析理解题意"。数学的思想方法是数学的灵魂。本册安排"植树问题"的目的就是向学生渗透复杂问题从简单入手的思想。

本课的教学，在策略上从三个层次思考：

1.挖掘教材内容，培养学生的问题意识

教材内容具有一定的抽象性，呈现的内容方式单一、静态。因此，要认真钻研和熟悉教材，把蕴含在教材中的可以让学生开展探究学习的资源挖掘出来，精心设计活动（台阶），让学生"生疑"，然后为学生提供探究材料，让学生进入一个自主发现的情景学习活动中。

2.搭建学习平台，促进学生的思维发展

让学生经历"尝试发现—探究形成—联想应用"的知识建构过程，力求参与面"广"，充分利用小组合作学习形式，保证每位学生都有表达、展示的机会。尽量多地让学生摆、画、议，教师一边用展台展示，一边让学生用自己的语言谈谈自己对知识的理解，展示自己的思维，并相互进行交流，取长补短，保证学生的理解不断深入。例如，在本节课中安排了这样的探究活动：探究发现一条线段上两端都种植树的问题，初步知道和掌握在一条线段上植树问题的规律，在这次探究活动中，学生们视角碰撞、思维绽放，可以说自主探究与合作探究相得益彰。

3. 开放探索时空，挖掘学生的应用潜能

培养学生应用数学知识解决生活中的问题的能力是新课标中明确提出的培养目标之一，本节课学习先是从课前的尝试探究，以及课始创设的用线段图设计植树方案问题，进而让学生比较棵数与间隔数，总结出规律。这样的过程给了学生多次尝试、探索、修正的机会，打破了课堂内外的时空局限，同时还将课堂教学延伸到课外应用，达到"活用"的目的。

（六）信息资源与环境设计

采用 AD 视频技术提升 PPT 动画效果；利用图片贴画步步引导探究。

（七）教学活动与过程设计

教学环节	教师活动	学生活动	技术支持
前置学习	让学生思考：一条路总长12米，在路的一旁，每隔3米栽一棵树，可以怎样栽？栽几棵？	用自己喜欢的方式设计一个植树方案（可以画图，也可以制作模型）。	课前探究
环节1"生疑"	1. 展示长桌宴情景，引发思考（一一对应的数学问题）。 2. 引发学生生疑：植树有多少种不同的栽法？又有什么异同点？ 3. 让学生思考：生活中哪些问题属于植树问题？	1. 在观察中产生问题。 2. 在操作中发现问题。 3. 在思维碰撞中生疑。	1. 平台上展示。 2. 播放短片。 3. 提供图片摆弄。
环节2"绽思"	1. 让学生把先学的个性思考进行交流。 2. 通过动手操作，引导学生思考并交流。 3. 提供机会让学生质疑问难。	1. 小组讨论。 2. 汇报整理。 3. 动手操作。 4. 互相质疑。	1. 平台上演示。 2. 播放短片。 3. 提供图片摆弄。 4. 化繁为简。

续表

教学环节	教师活动	学生活动	技术支持
环节3"活用"	1. 让学生思考路灯安装问题。 2. 让学生解决站队问题。 3. 利用"五指四空"记忆法帮助学生理解植树问题。	1. 画图分析。 2. 手指比试。	1. 平台上展示。 2. 示范手指法。
课后延伸	提出探究问题：爬楼梯、数学日记、植树相关的数学题。	1. 探究爬楼梯问题。 2. 写一篇数学日记。 3. 搜集一些植树相关的数学题。	应用模型解决实际问题。

三、教学评析

《数学广角——植树问题》一课上得很精彩，曾获得专家组很高的评价。其成功之处就在于贯彻了"进阶教学"教育理念，运用"生疑—绽思—活用"进阶教学模式，把核心问题分解为有层次性的子问题，以问题引领学生在进阶式学习中探究交流，绽放思维，逐步深入理解和提升，突出了教师的指导性和学生的主体性，教师教得轻松自如、扎实有效，学生学得兴致盎然、收获颇多。整节课，氛围轻松，步步深入，让课堂变成师生探究知识奥妙和分享学习智慧的乐园。

（一）"生疑"教学策略——前置先学，探索思疑

前置性学习的内容放在课堂之外，不同个体的学习会因人而异，自主选择学习的方式、方法和进度，同一个问题可以自己去查阅相关资料，也可以上网搜集相关的信息，还可以向身边的人请教。学生将各自所学的知识展示于课堂之上，会因为这种特殊的"展示"而快乐，反过来激发下一次的学习，形成良性循环学习。

在本课中，布置了一道前置性作业："一条路总长12米，在路的一旁，每隔3米栽一棵树，可以怎样栽？栽几棵？请你根据这些植树要求，用自己喜欢的方式设计一个植树方案，可以画图，也可以制作模型。"这道题给了

学生充分的独立思考的时间，把课堂时间的"有限"变为"无限"，拓宽了自主学习的空间，为课堂上的学习做好充分准备。

前置性学习的过程成了学生自己的事，由学生自主安排，不再受教科书和课堂的限制。相对自由的心灵状态，给学生带来了巨大的生命活力，即使"笨鸟"也可以"先飞"，在课外提前或用较多的时间进行学习，以便在小组互助与课堂展示中拥有发言权。久而久之，学生的自主学习就会水到渠成地形成。

（二）"绽思"教学策略——课中导学，解疑进阶

课中导学，是学生在"先学"的时间内完成自己能力范围内的学习活动，把所有的疑问记录下来，在课中进行小组讨论；而教师有选择地把学生提出的有针对性、代表性的问题集中探讨，如同伴式、小组式、异组式、师生式等。这种分析问题和解决问题的方式，有效地拓展了课堂的时间和空间。

在本课中，教师首先在导入环节利用简短而震撼人心的视频创设情境，让学生深刻认识到植树造林对改善环境污染的重要性，并因势利导引出课题"植树问题"。接着，教师提出本课的核心问题："同学们要在全长100米的小路一边植树，每隔5米种一棵，可以栽多少棵树？"围绕这一核心问题，教师引导学生小组合作学习交流，探索规律，构建模型。教师在教学中重视画线段图学习策略，并通过多媒体直观演示辅助教学，突出"一一对应"思想，把间隔点数和栽树的棵数对应起来，给学生渗透"化繁为简""一一对应"的数学思想，并进行回顾，验证猜想。然后，教师出示一道练习题："在全长2000米的街道两旁安装路灯（两端都装），每隔50米安装一盏。一共安装了多少盏路灯？"以此检测学生对知识点的规律与方法的掌握情况，在这个过程中教师及时反馈，学生互帮互学和纠正。最后，师生总结学习本课的收获，深化感悟，反思提升。

这节课，在教师有价值的"问题台阶"的引导下，学生带着疑问，进行小组合作，在活动中学生经历动手操作、合作交流、分析思考和建构模型等过程，绽放思维，模型思想在"无意"中渐渐"植"进了学生的头脑。

(三)"活用"教学策略——拓展思维，课外延伸

植树问题的模型是现实世界中同类相近问题的放大，它源于现实，又高于生活，所以在现实中有着广泛的应用价值。为了让学生理解这一建模的意义，教师出示了生活中一些常见的植树问题，加强了模型应用功能的练习。本课练习有以下两个层次：

1. 直接应用模型解决简单的实际问题。课堂上，安排学生自主完成已知总长和间距求棵数、已知棵数和间距求总长的练习，让学生从正反两个方面出发，直接应用模型解决简单的实际问题，训练学生双向可逆思维。

2. 推广到与植树问题相近的一些问题。让学生进一步延伸到现实生活中的不同事件，如路灯安装问题、学生站队问题、校园内花盆的摆设、爬楼梯问题等，同时利用"五指四空"法的策略帮助学生理解和解决植树问题，巩固所学知识，更让学生感悟到数学学习的价值所在。

"先学后导"自主学习模式固然注重课前课中，但更看重课后。课后延伸，是拓展思维、形成连环式的一路有"思"的重要环节。因此，课后依然是学生学习的大舞台之一。

本课中，教师给学生布置了两道课外作业：（1）根据今天所学的内容和方法写一篇数学日记；（2）植树中的学问还有很多，课下请大家搜集一些相关的数学题，来考一考你的同伴。这里，教师通过开放作业，让学生在课外完成，探究延伸，拓展思维，从而把"苦学"变为"乐学"，把"要我学"变为"我要学"，把"被动"变为"主动"，把"负担"变为"享受"，促进学生快乐、幸福地发展。

一般而言，课后延伸无非就是课外作业，我们并非一刀切，而是从两方面着手：一方面是因人而异，学生对事物的兴趣、知识的接受与掌握能力各不相同，因此，在考虑共性的同时，力求因人而异；另一方面是形式多样，因为有"多项选择"才能有"为"，如书面作业、口头作业、实践作业等形式，让学生的思维得到充分的拓展，巩固知识要点。教师为学生精心设计课后作业，拓展的是学生探究的思维，培养的是学生学习的兴趣。

对于充分体现"生疑—绽思—活用"进阶教学模式并获得良好效果的优质课例，学校视为十分重要的教学研究成果，在校内外进行展示与分享，让更多的教师学习借鉴，从而达到教学模式推广应用的目的。

（三）落实校本研修机制，推广进阶教学模式

校本研修，是以学校为研修基地，以教师为研修主体，以学校和教师在教育教学中的实际问题为研修内容，以专家引领、同伴互助、自我反思为核心要素，以解决问题、改进教育教学实践为导向，以提高教育教学质量促进学生健康地成长，以引导教师体会到教育创造的意义和快乐促进教师专业成长，来实现学校发展的一种集工作、学习和研究三位一体的学校活动和教师行为，是一种教师个体学习和教师群体学习相结合的学习方式和工作方式。校本研修，从根本上说，是一种以人为本，以促进教师发展和提高教学质量为目的的研究和培训活动。林文智校长带领老师们，经过五年多的实践与研究，构建了"四环二维"校本研修模式，形成了完善的校本研修机制。"四环"是校本研修实施过程的四个环节——明理、导行、思辨、升华。"二维"是将实施过程分为"人人提升型"和"骨干创新型"两个维度推进实施。这一模式旨在建立教师成长机制，构建完善的教师培养体系，提升教师的教学教研能力，实现不同层次教师的发展，特别是骨干教师的"二次发展"。我们依托成熟的"四环二维"校本研修机制，围绕"生疑—绽思—活用"进阶教学模式开展扎实有效的校本研修活动，从而在全校推广进阶教学模式。

1. 学习理论，深化进阶教学理念

课程改革实质上是教学理念的革新，而新的教学理念的形成要靠教育者的理论学习提升。有教育专家指出，没有理论上的成熟就没有真正意义上的成熟。这是因为理论上的成熟意味着思考问题是从本体论角度全面、系统、辩证地思考，而不是从事物的现象，片面、教条地思考。作为教师，只有重视并加强理论学习，才能不断丰富自己的理论素养，及时更新教育教学理念，从而适应教育发展的要求。"四环二维"校本研修把教师理论水

平的提升摆在十分重要的层面，其第一环节就是"明理"，注重教师的理论学习，要求教师学习先进的教育理论，然后经过实践反思从而形成先进的教育理念。

我们通过专家讲座、研读书籍、分析案例等研修方式，以科组为单位，定期组织教师学习进阶教学、课程标准、核心素养、最近发展区、脚手架、建构主义等理论，拓宽教师的理论视野，提高教师的理论水平，促使教师对"生疑—绽思—活用"进阶教学理念加深认识和理解，深入把握"生疑—绽思—活用"进阶教学模式的基本环节和操作流程。

2. 团队互动，激活进阶教学智慧

校本研修重在互动，尤其是团队互动。在研修活动中，通过团队互动，营造民主平等的氛围，实现真正意义上的教学探讨，一改过去在教研活动中，大多是教研组长唱"独角戏"，教师是被动地听、记，缺乏主动性的状况，以实现共同探讨、共同提高的新局面。团队互动，也为教师之间架起相互交流与合作的桥梁，使教师学会与人相处、学会交流、表达和反思，学会尊重不同意见，学会从不同意见中找寻教育创新的途径。在"四环二维"校本研修中，团队互动一般是以教研组或特定的研修团队为单位来进行的，体现了小组交流、相互合作的特点。有道是：三个臭皮匠，胜过一个诸葛亮。这道出的正是团队互动、集体研讨所形成的强大智慧合力。

我们通过专题会议、案例推介、集体思辨等研修活动，对"生疑—绽思—活用"进阶教学模式的实践情况及效果进行研讨交流。在团队互动中，教师实现了思维的互补、智慧的交融、情感的沟通，更重要的是提高了解决教育教学疑难问题的能力，而且专业素质也得到了培养。

3. 引领示范，提高进阶教学实效

随着新课程改革的深入展开，新的课程标准、新的课程理念、新的教材教法对教师的知识结构、思维方式、教学能力、教学手段等提出了新的要求，同时对教师的专业能力也提出了挑战，教师普遍感觉到缺乏专业理论的引领和教学实践的指导。显然，单靠教师"单打独斗"式学习难以适应教育形势的发展需要，难以有效促进自身的专业水平向更高层次的提升；而基于团队成员共同协作的校本研修，如果没有权威性的学术力量引领和高水准的专业力量支持，那么对教师的专业成长也是难有作为的。因此，学校应当充分挖掘和利用教育专家、教学名师和骨干带动教师。专家引领的实质就是教学理论对教学实践的指导，是两者之间的对话、互动，这让进阶教学模式建构富有说服力；名师示范起到了榜样激励的作用，促进了进阶教学模式应用的辐射效应；骨干教师是教师团队的中坚力量，开拓进取，敢学敢超，他们有能力带动大家一起实施进阶教学模式。在这三者的示范引领下，我们可以最大化地提高进阶教学推广应用的实效。

综上所述，根据新课改和核心素养的要求，基于学生认知发展水平，探索"生疑—绽思—活用"进阶教学理念，明确"生疑""绽思"和"活用"三个基本的进阶教学环节，总结具体有效的进阶教学模式操作流程，探索进阶教学模式的实施路径，正是"生疑—绽思—活用"进阶教学模式建构与创新的必由之路。这对深化课堂教学改革、突破传统"灌输式"教学模式的掣肘、提高课堂教学质量具有重要意义和实践价值。

第七章 明理教育的实施成效

明理教育立足于国家政策，视野展望国际；扎根于湛江经开区的区域历史文化，结合所在道路（明理路）的特色文化进行二次创造，形成了经开区四小独有的明理教育理念。在经开区四小创办的短短一年时间里，学校不断进行教育实践探索和教育科学研究，在明理教育追求的明理课堂、明理课程、明理教师、明理少年、明理家长五个维度，均取得了明显的成效。

第一节 明理少年——在活动中成长

一、学生综合素质提高

根据《教育部关于积极推进中小学评价与考试制度改革的通知》（教基〔2002〕26号），将学生的综合素质概括为"基础性发展目标"和"学科学习目标"。明理少年的综合素质主要涉及学生的道德品质、行为习惯、学习习惯、才艺展示等方面的内容，学生们在活动中明理，在活动中成长。

（一）学生学习习惯良好

本校以明理教育理念开展学校各项活动，学校校风良好，绝大部分同学都有比较好的学习习惯、方法和主动获取知识的能力，学生言行举止文明，尊敬师长，团结同学。

在学习习惯的培养上，我校在校、班级设立"明理小卫士"，班级值周生，每天利用校园广播及时公布检查结果，每周公示班级考核得分，每周一评选表彰明理星级班，并把它作为学期末评选明理班集体的加分项目之一。另外，值日班长制的实行，让每位学生都有机会做一次值日班长，值日班长每天要负责班级管理工作，并认真记录好《班务日志》；同时在班内开展"人人有事做，事事有人做"的活动（即班里每一位同学都有义务为班级做好一件事，班内的每一项工作都有人来做）。这样，即使老师不在，班级工作也能开展得有条不紊。这种新型的班级自我教育管理体制，改变了那些在学习上有困难的学生长期处于被管理的局面，采取角色分配（即采用轮换、轮值的方法），让每一位学生都能参与班级不同层次的管理。这样一来，学生在管理角色的变换中学会了自我管理，增强了学生的主体意识和自我调整的能力，培养了每位同学的自信心，提高了教育的效果。经过长时间的努力，我校的常规纪律也有很大的改善，逐步达到学生将他律转为自律。对于学校发生的好人好事，大队部及时表扬，加大宣传力度。通过周一升旗广播传递信息，激励先进，展示才艺，沟通友谊，多角度引导、关注、展示学生自理、知礼、明理的意识与行为，树立学生们学习的榜样，以点带面，促进良好校风的形成。何秀英主任在做2021—2022学年第二学期期末的德育工作总结时指出：

本学期德育处工作继续以"实现高品位的办学定位和高分高能高德"为培养目标，拓宽了德育工作渠道，继续以"四'境'（敬、静、净、进）校园活动"为主要抓手，强化学生行为规范；工作中坚持育人为本、德育为先，把立德树人作为根本任务，提高德育工作的针对性、实效性和主动性，努力培养明德理、明学理、明事理的一代新人。在全体班主任的大力支持和全体行政人员的共同努力下圆满完成了各项工作任务。何主任分享老师们工作过程中有爱的点点滴滴。"一棵树撼动另一棵树，一朵云推动另一朵云。"在老师们的努力下，明理教育已在孩子们心中生根发芽，让孩子们更坚定地迈向"博学雅行"的人生！

（二）学生个性全面发展

在教育教学上，学校充分发挥课堂教育的主渠道作用。要求课题组教师根据教材内容，将德育教育贯穿于整个教育过程中，因势利导，培养学生良好的学习习惯、思想品质、竞争意识和合作精神；挖掘教材中的德育内容，对学生进行爱祖国、爱家乡的教育，引导学生传承中国优秀的文化和优良的传统，增进民族自豪感和自尊心。学生在课堂上既学到了知识又受到了思想教育。

在个性发展上，我校通过强抓明理少年的三个发展阶段：习理（学习）—辨理（思辨）—践理（践行），按照"人人有才艺，个个有特长，班班有特色"的办学要求，抓实艺体教学，加强社团建设，上好每一节艺术课和体育课，彰显健康生活校园、博爱感恩校园、经典书香校园、智慧创新校园，促进学生生命力、学习力、道德力、交往力和创新力的"五力"发展。

（三）参加社会实践活动情况

我校以"明理笃行，弘毅志远"为校训，坚持知行合一的原则，善于发掘各类资源开展社会实践活动。

学校坚持升国旗制度，在五星红旗下向学生宣讲国内外大事，培养学生的民族自豪感。学校结合重大纪念日、宣传日积极开展"民族团结知识"竞赛、"传递激情，放飞梦想"现场绘画活动、"红歌会"等主题教育，丰富了校园生活。学生在各种形式的活动中，明确了职责，信心百倍地迎接了挑战，增强了爱国主义情感和思想道德教育。

在社会实践方面，学校聘请特警为校外辅导员，共同参加庆祝国庆、升国旗等活动，还给学生赠送了学习用品并对学生进行法治教育。学校充分利用社会力量加强对学生的教育，组织学生参加了社区组织的公民道德建设宣传活动、环保宣传活动。党、团、队定期组织学生进行"讲文明、树新风"活动，擦洗栏杆，清除白色垃圾，组织红十字会人员进行卫生知识宣传，为弱势群体献爱心活动，组织观看爱国主义影片等，开辟了校内外结合的育人格局。通过丰富多彩的活动拓宽了学生的视野，锻炼了创新能力和人际交往的能力，引导学生学会关注社会、关注生活。

二、活动中的明理少年

（一）明理·才艺达人

我校围绕"明德理—明学理—明事理"的目标，以"读书悟理、课程习理、课堂辨理、行动践理（体验）"为培育途径，实施"明理教育"，按照"人人有才艺，个个有特长，班班有特色"的办学要求，多维度评比各类"明理小达人"。

在2022年元旦，经开区四小为丰富校园文化生活，提升学生综合素养，让学生度过一个健康、有意义的元旦，学校开展了丰富多彩的"明理·才艺达人秀"活动。各班举行了形式多样的班级才艺联欢会，人人喜气洋洋，班班张灯结彩，校园到处洋溢着节日的热烈气氛。各位才艺小达人自编自演节目，各显神通，在欢歌笑语中，通过舞蹈、歌唱、乐器、诵读、体育、书法、快板等节目形式，充分展示了他们的艺术风采和良好的精神面貌，表达了对祖国的热爱和对美好明天的向往。

除此之外，学校还进行了明理·语文小达人、明理·数学小达人、明理·英语小达人、明理·环保小达人、明理·劳动小达人、明理·爱心小达人、明理·阅读小达人等30多项评比，从各个方面展示四小学子们的才艺风采，为学生搭建更多展示的舞台，以此培养学生特长，从而促进学生的全面发展。

（二）明理·书法达人

书法艺术是中华优秀传统文化的瑰宝，为进一步弘扬中华优秀传统文化，丰富校园文化底蕴，要培养学生认真书写的良好习惯，提高学生规范、端正、整洁地书写汉字的能力。

经开区第四小学于4月13日下午举行了"明理·书法比赛"活动。本次书法比赛内容以学生熟悉的诗词为主，采取现场书写形式。比赛过程中，每位学生都能牢记老师的指导，端正姿势，规范用笔，用心写好每一笔画，每一个字。一张张纸上最终呈现出一个个字迹工整、优美流畅的汉字。

本次书法比赛活动，为学生提供了一个展示书法艺术的平台，涌现出许多的"明理·小书法家"。既丰富了学生的校园生活，也培养了学生的书法兴趣和爱好。开展书法比赛活动有利于促进小学生规范写字，提高学生的审美意识，让更多的孩子乐于练书法，爱汉字，更好地传承中华文化！

(三)明理·班级文化学生作品展示

我校注重班级文化建设,根据学校工作安排每学期进行一次班级文化评比活动,让班级文化建设在学生成长过程中起着至关重要的作用。班级文化建设不仅给学生营造了一个良好的氛围,而且达到熏陶和培育学生良好的思想道德品质的作用。

3月11日下午,由德育处牵头组织全体班主任和学校行政人员一同参加了本学期的评选活动。这次的班级文化建设,班主任结合学生的年龄特点以及本班实际或以冬运会为主题,或以垃圾分类为主题等进行了精心的设计与布置,各具特色,绽放精彩,充分体现了四小班主任的智慧。此次的班级文化,更多展示的是学生的作品。各班以学生特长培养为抓手,以人为本,弘扬个性,更大程度地发掘学生各方面的潜能,促进他们综合素质的提高,培养"和谐发展,特长明显"的学生。

总之,班级文化是班级精神面貌、学生思想状态的综合体现,它聚焦在学生的学习态度、自律品质、思想道德品质等各个方面。因此,班主任要充分发挥班级文化建设功能,提高学生的思想道德素质,净化学生的心灵,培养出具有健康的身体、健康的心理,广博的见识,乐观豁达、积极有为的明理好少年。

(四)明理·新时代好少年

学生案例一:

兰质熏心,不负韶华

谭雅心是湛江经开区第四小学三年级(2)班的学生,她是一名品学兼优、多才多艺、全面发展的好学生,她的脸上总挂着自信的微笑,是一个活泼开朗的女孩。老师的言传身教,父母的悉心熏陶,在她幼小的心灵中种下了一颗健康向上的种子,促使她茁壮成长为一名品学兼优的小学生。她是名诚实守信、遵守公德、热心公益活动的好少年,展现了新时代青少年乐观进取、向上向善的亮丽风采，为广大青少年树立了榜样。

一、品学兼优，尊师重教，团结友善

自入学以来，谭雅心就树立了明确的学习目标和严谨、认真的学习态度。课前，她做好预习，把被动听课变为主动听课；课堂上，集中精力边听边记边思考，大胆发言；课后，认真完成作业并坚持复习，及时掌握所学知识，养成了良好的学习习惯。在学校是老师的好帮手，她有很强的责任心和管理能力，一直在班里担任班长及科代表职务，尽心尽责协助老师管理班级事务及组织各项活动。在同学中，能够主动承担责任，她特别珍惜同学之间的友谊，以自己的行为影响着身边每一位同学。有同学在学习或生活中遇到困难，她会想办法帮助解决，同学之间产生了矛盾，她积极调解关系，和同学们一起互相学习、共同进步，在同学们心目中是知心朋友、学习伙伴。

二、热爱劳动，尊敬长辈，孝顺父母

在家里她热爱劳动，尊敬长辈，孝顺父母。她从小就养成了自己的事情自己做的好习惯，从一年级开始就自己收拾书包和文具，起床后收拾床铺。每天还能协助大人们做些自己力所能及的事情，例如帮爸爸一起打扫卫生，陪妈妈一起洗碗，给爷爷、奶奶捶捶背。她能理解父母的辛苦和不容易，从来不给父母添乱，不乱花钱。二年级的时候有一次逛超市，因为考试得了一百分爸爸说要给她奖励，开始她选择了自己喜欢的零食一直拿在手上，后面爸爸说可以奖励她一个玩具，问她是否喜欢，她懂事地放下手里喜欢的零食，说她要一个就好了，不需要爸爸花那么多钱，爸爸很感动，孩子长大懂事了。一直以来她就懂得尊老爱幼，不管是老师还是邻居，只要遇到都会很有礼貌地打招呼，老师和邻居都夸她是懂事、有礼貌的好孩子。

三、兴趣广泛，热心公益，传递爱心

每当学校开展各种公益文艺活动，如板报评比、演讲比赛、书法大赛、文艺汇演等她都积极参与，还曾参加"舞蹈世界"第二届中外少儿电视舞蹈大赛广东省城市推选赛并获得儿童组银奖的优异成绩。虽然是个女孩子，但运动场上也少不了她活跃的身影，跑步、跳绳各个项目她都能奋勇争先。

她爱护公物、保护环境，是学校的文明志愿者，从不乱扔垃圾，保护一草一木。在湛江市创建文明城市复检活动中，和爸爸一起参加小区捡烟头和铲除小广告的活动，用实际行动去告诉大家创建文明城市是需要大家的共同努力。她遵守社会公德，热心公益活动，在每一次"爱心捐款"活动中都捐出自己的零花钱，让家人一起为灾区捐款捐物。她积极参加社区举办的各项公益活动，如社区每年举办的"环保宣传周""科技活动周""安全教育周"等。

四、品行端正，争先创优，学习榜样

作为一名少先队员她有较好的道德情操，时刻牢记少年先锋队的口号，处处先思于人、先说于人、先行于人，曾被学校评为"优秀少先队干部"，树立了良好的少先队干部形象。入学以来，从老师的辛勤耕耘中，一点一滴积累着收获，每学期她都获得"三好学生""学习标兵""优秀学生干部""文体积极分子""文明学生"等称号，并于2021年因表现突出被经开区教育局授予区"三好学生"荣誉称号。面对难题，她冷静思考；面对挫折，她不屈不挠；她热爱学校，心存感恩；她热爱生活，乐观向上，是德智体美全面发展的新时代好少年。

学生案例二：

捐　　赠

湛江经开区第四小学三（3）班　陆婉莹

天气暖和了，妈妈和我一起整理衣橱，准备把冬天的衣服收起来。许多衣服还挺新的，可是我长高了，已经穿不下这些衣服了，扔了实在可惜。妈妈问我怎么办，这时我脑海里浮现出前几天电视中的一个画面：许多山区的小朋友，在寒冷的冬天，他们穿着单薄的衣服，破旧的鞋子，小脸冻得通红，依然坐在教室听课。于是我有了一个想法，想把这些衣服送给他们，妈妈夸我是个有爱心的孩子。

于是我和妈妈趁着天气好，先把衣服清洗、消毒，然后再晾晒。明媚的阳光下，衣服变得整洁如新，还带着一股淡淡的太阳味道。叠好衣服，我把它们整整齐齐地放进了袋子里。

正好小区有个捐衣点，我提着整理好的衣服来到这里，小心翼翼地把一件件衣服从袋子里拿出来，投到旧衣物捐赠箱里。看着衣服一件件放入箱子里，我想过不了多久，山区的小朋友就会收到我的衣服了，我感到无比的喜悦。

走在回家的路上，心底默默想着，虽然我捐的衣服数量微不足道，但是我相信还会有来自四面八方的支持和关爱，山区的小朋友，你们的春天来啦！通过这次捐赠，我真正体会到了"予人玫瑰，手有余香"的快乐！

学生案例三：

坚持就会迎来成功的曙光

湛江经开区第四小学三（1）班　杨锦轩

小时候的我，总是无比期待每个夜晚。繁星点点，月儿透过纱窗，留下温文的笑脸，妈妈一定会给我讲那些动听的故事。从妈妈温柔的声音里，我认识了美丽善良的白雪公主、精忠报国的岳飞、聪明勇敢的司马光……每一个故事，都深深地吸引着我，但给我留下印象深刻的是《铁杵磨针》的故事。

《铁杵磨针》讲的是唐代诗人李白小时候很不爱学习，总想着玩耍。有一次，他在看一本书，刚看到一半，就不想看了，于是便跑出去玩。他跑到小河边，看到一位老奶奶拿着一根大铁杵在石头上磨。他很好奇地问老奶奶在磨什么，老奶奶告诉他在磨针。李白很惊讶地问："这得磨多久啊？"老奶奶坚定地回答："只要不停地磨，不怕困难，最后一定会成功。"李白听后，想到自己读书半途而废，没有毅力，很是惭愧，于是马上跑回家读书。从此他刻苦学习，最后成为伟大的诗人。

这个故事告诉我们一个道理，那就是做任何事情只要不怕困难，坚持不懈，就一定能成功！正所谓："只要功夫深，铁杵磨成针。"

在我初学钢琴时，老师让我用单指弹出一首曲子的音符，简单又好记，当时我还以为弹钢琴是一件特别简单的事情。慢慢地，老师教我记一些密密麻麻的五线谱，这时候不再是单指弹，而是分手弹。两只手要弹的音不一样，要么左手跟不上节奏，要么右手忘了音符，两只手总会合不上音。难度越大，我出现的问题越多，有时甚至一首曲子学了两三节课，还是学不会。

这时，我开始抱怨学钢琴的不容易，逃避上钢琴课。在我想放弃的时候，我想起了《铁杵磨针》这个故事，老奶奶顽强的毅力深深地触动了我。是啊，只要肯下苦功夫，坚持不懈，就能克服困难，取得胜利！

于是，在妈妈的鼓励下，每天完成作业后，我抓紧时间练琴，遇到不懂的地方，及时请教老师。随着不断地练习，一个个困难被我打败了，那些曾经认为很难的曲子，也能在我灵活的小手下，化为美妙动听的乐曲。

《铁杵磨针》的故事，让我懂得了人生的大道理：在未来的人生中，总会遇到许许多多的困难。只要我们像老奶奶那样不怕困难，坚持不懈，就一定会取得成功，实现自己的理想！

经开区四小的明理小少年们在学习中明理，在思考中辨理，在行动中践理，他们个个会思考，人人勤向上，有健壮的体魄和乐观的心态，在学习和生活中，他们始终践行着"明理笃行，求真向上"的校训，努力成为一名积极有为的明理好少年。

第二节 明理教师——在前行中收获

一、教师专业发展指导思想

以全面提高教师的师德水平和业务素质为宗旨，以教师的可持续发展为本，制定学校教师专业发展规划。坚持以培养新型的研究型的教师为重点，按照"培训－实践－反思－提高"的原则，坚持以校本研修为主，按照"以理念为导向，以学习为根本，以引领为保障"的原则，促进教师专业发展，确保学校教育教学质量和办学水平的不断提高，努力造就一支"主动学习，乐于研究，善于思考，学会教学"的敬业上进、共情博爱的教师队伍。

二、教师专业发展目标

（一）整体发展目标

人人成长，骨干成才。

（二）具体发展目标

1. 专业情感目标

遵循《中小学教师职业道德规范》，不断深化师德建设，丰富师德建设内涵，建立长效机制，强化正确的师德导向，提高教师的政治修养、道德修养、人文修养和专业素养，教书育人，为人师表。使教师实现由职业满足向专业认同再向事业追求的转变，让教师的态度、价值、信念、行为表现都得到不同程度的调整、完善和提高。

2. 专业技能目标

（1）基本功目标

①三笔字（粉笔字、毛笔字、钢笔字）、简笔画技能要人人过关。

②现代信息技术，要求"两会"。会操作（会操作电脑进行文字和较高水平的数据处理、信息技术融合2.0教学等）；会制作（会制作实用的多媒体教育教学课件、网页等）。

（2）课堂教学目标

①按照课堂教学改革的要求，人人能上合格课。年轻教师都能够参加区、市级以上的各类赛课活动，并取得较好的成绩。

②有效地提高教师的教育教学实践操作能力，力争达到每位中青年教师都能独立地研究和处理教材，提高课堂教学质量。

③多数中青年骨干教师能形成自己独特的教学风格。

（3）骨干教师目标

三年内培养区级骨干教师8名，市级骨干教师4名；五年内培养师德高尚、教学能力高超、富有创新精神的区、市级学科带头人和名师达30%以上。

（4）科研目标

学校要营造教育科研的氛围，使教师积极投身教育科研，努力做专家型的教师。

（5）学习目标

①三年内每位教师要利用业余时间阅读不少于20万字的书籍、报刊，每学期读一本教育专著。

②三年内做一万字的读书笔记，每学期写1000字的读书心得。通过阅读，开阔视野，增加底蕴，不断提升自己的理论素养和文化内涵。

通过3至5年的校本培训和研究，以"教师专业发展"为抓手，以培养学习意识、教学科研能力、专业发展水平为内容，建设一支"灵动开放、共情启慧"，掌握现代教育技术手段，结构合理，整体优化，可持续发展的教师队伍。实现明理教师的三个层次：入理（1至2年成为合格教师）——辨理（3至5年成为骨干教师）——升理（6年以上成为名师）的发展，促进教师与学生双向成长，以保证教育目的的贯彻落实，全面推进素质教育。

三、教师专业发展策略

以转变理念为核心，采用多种形式培训，更新教师教育观念。重视教师对现代教育理论的学习，以奉献精神、师德规范、人文素养、业务精湛为内容，多形式、多渠道地开展教育和熏陶，提升教师的师德素养和人文修养。重点解决传统教育观与现代教育观的关系，树立现代化的教育观、人才观和质量观，做到学用结合、学用同步、注重实效。通过以下活动落实"明理教育"，实现"明理教师"的成长。

（一）师德养成

坚持政治学习与业务学习相结合，加强教师职业道德教育，通过师德感悟、师德演讲、学习身边的榜样、讨论交流等活动进行师德教育。

（二）成长跟踪

做好教师的成长记录，做好教师业务档案管理工作。关心教师的专业发展，帮助每一位教师分析其专业发展的特点，拟定个人专业发展中长期计划，力争做到持续发展与阶段目标相结合、个体成长与同伴互助相结合、自我监督与制度约束相结合。

（三）活动培训

1. 专家引领

①每学期林文智校长、梁春梅主任、何秀英主任、梁思敏老师做专题讲座和培训。

②开展"师徒结对"。在这五年中，各学科重点指导、培养骨干教师1-5名。

③每一学年，至少举办一次教育专家到校开展专题讲座，提高教师理论水平，并指导教学实践。

④每学年有计划地派遣教师走出去，参加各级各类的学习培训，让教师及时地了解与掌握教育发展的新动态。

2. 自我提升

①按照规划中的学习目标，加强学习。学校要致力于学习型学校的建设，促使教师养成读书的习惯，做学习型的教师。要建立教师学习高度，努力形成一种弥漫于群体中的学习气氛。学校不定期地组织教师集中学习；建议每学期教师都要读至少一本教育方面的书籍，做好笔记，学校将定期组织教师就某个问题交流讨论，使学习成为一种环境，一种对话，一种问题意识，一种反思意识。

②建立健全教学反思制度，加强教师自我反思。

3. 同伴互助

①建立健全听课评课制度，加强同伴间的听课评课，以达到同伴互助。

②利用一切可能的机会组织教师到同类学校学习、教研，了解同类学校的发展现状，吸收其他学校成功的经验，从外部获取新的信息。

4. 课堂实践

学校形成相对固定、有特色的课堂教学实践系列活动。通过不断地讨论、实践、磨课，提高教师们的课堂教学水平。

①上期：新教师汇报课；青年教师研讨课。

②下期：优秀教师示范课；同课异构或案例研讨或单元主题教学研讨。

5. 主题论坛

通过开展主题论坛，促使教师不断地反思、总结、学习，让思维的火花得到碰撞，在碰撞中促进教师思维的拓展。

①每学期分教研组、分学科开展主题论坛。

②每学年开展一次全校性的主题论坛。

6. 常规教研

①开展并不断完善集体备课，建立并不断完善学校教师备课资源库。

②完善业务学习制度，开展形式多样的业务学习。如观看名师教学光碟；同伴间听课评课；交流学习心得；组织学习新教育理念；组织开展课题研究；组织开展教学讨论等。

③按照学校教研工作计划，扎实开展其他活动。

7. 教育科研

①全面提高教师群体的科研意识和科研水平，努力向科研型教师转化。

②实现人人有参研课题，个个有学术成果。

③能独立撰写教育教学研究论文，并在市级以上获奖或发表。

④部分骨干教师能主持相关课题的研究工作。

（四）保障措施

1. 组织保证。学校成立以校长为组长的教师专业发展工作领导小组，明确职责，全面负责学校教师专业发展的规划、实施、管理、考评等工作。

2. 过程管理。完善监督管理机制，重在过程管理。由学校教导处具体负责每一学年、每一学期的具体安排及过程检查，确保其质量。

3. 档案管理。教科室建立教师专业发展的工作档案，做好教师发展过程中的资料积累。

4. 考核机制。健全考核激励机制，将教师的专业发展情况与成绩、晋升、评优评先等相结合，以此促进该项工作的深入开展。

四、教师教育成长叙事

会讲故事的老师不爱说教。提到说教，我们很容易联想到"婆婆妈妈"这个词。没有老师愿意给学生留下这样的印象，也没有孩子喜欢被说教，老师的苦口婆心、严词训斥，常常会从他们的一只耳朵进一只耳朵出。会讲故事的老师则不同，他们深知故事沟通的魅力，善于把观点、道理巧妙地藏在故事里，让同学们自行去感悟、去发现。

给《教师教育成长叙事》一书的序言

湛江经济技术开发区第四小学　林文智校长

梁春梅主编的《教师教育成长叙事》脱稿了。这是一件值得欣喜的事情。

从我们踏上讲台的第一天起，我们就怀揣教书育人之梦想，孜孜以求，犹如夸父逐日，在日复一日的教育教学漫漫征途上奔跑，希望能给学生一片蓝天，享受教书育人的成功和喜悦。

然而教育终究是艰辛的事业，需要我们教师静静地思考和平凡的奉献。途中我们会遭受疲惫的袭击，会遇到无奈的冲击，会面临倦怠的考验……当激情逐渐退去，我们还能一如既往地保持那份享受教育的智慧和心情吗？我们还记得当初自己为什么而出发吗？我们能清晰地知道自己现在的位置吗？我们能穿透迷雾在探索中看清明天的方向吗？

著名教育家朱永新在谈及"享受教育"时曾说："你的眼里没有色彩，你的生活就不会缤纷；你的心里没有阳光，你的教育就不会辉煌……享受教育，你就多了一份快乐的心情，你会把每一个挫折看成是考验，你会把每一种困难看成是磨炼……享受教育，你就多了一股创造的激情，你会把每一堂课精彩地演绎，你会把每一句话精心地锻造，你会把校园变成追求卓越的教育梦工场……享受教育，你就多了一种生活的诗意，你能从平凡中品味出伟大，从失败中咀嚼出成就……"

"明理教育"的思与行

教育教学叙事作为一种草根研究方式讲述的是我们自己的教育故事，研究的是我们自己的教学行为。在"记录－反思－行动"这样的循环研究中，在避开浮华的冷静里，我们通过叙事反思记录着自己的工作，也发展着自己的思想，这是一种多么适合我们一线教师的教育方式啊！它是我们梦想与信念生根开花的土壤。

会讲故事的老师不爱说教。提到说教，我们很容易联想到"婆婆妈妈"这个词。没有老师愿意给学生留下这样的印象，也没有孩子喜欢被说教，老师的苦口婆心、严词训斥，常常会从他们的一只耳朵进一只耳朵出。会讲故事的老师则不同，他们深知故事沟通的魅力，善于把观点、道理巧妙地藏在故事里，让同学们自行去感悟、去发现。梁春梅老师和文章里面的各位老师就是这样会讲故事的老师，她们深知故事沟通的魅力，善于把观点、道理巧妙地藏在故事里，在故事中给同学们提出殷切的希望和要求，让同学们自行去感悟、去发现、去成长；在故事中折射出她们的教育技巧和智慧，并享受着教育的成功和收获；在故事中也展现出四小"明理教师"的教育追求和理想。

是美玉也有瑕疵。这本书尽管是一批教师的优秀之作的结集，但也有不足的地方。有些理念要提升，有些策略还可以改进，有些文章的"内功"还得进一步磨炼。

直到梁春梅主编的《教师教育成长叙事》这本书即将面世之时，我怀着兴奋的心情，表示祝贺。应约谈了我对这本书的肤浅看法，故称为序。

（一）教育叙事

教育叙事一：

幸福就像一只蝴蝶

湛江经济技术开发区第四小学　梁春梅

艺术节上，舞台上传来优美的葫芦丝独奏《月光下的凤尾竹》，望着神采飞扬的"男神"——小淇同学，我感慨万千。

小淇是这学期转来我班的,他家长和我反映了小淇的情况:基础差、上课爱讲话、爱咬手指甲、自制力差、有惰性心理、在家不听话。所谓"树挪会死,人挪可能活",家长希望换个环境能让孩子重新开始。在与家长的交流中我就感觉到家长望子成龙的急躁、焦虑给了孩子太多的压力。

这孩子虎头虎脑,看起来挺可爱的。转班的第一天他还是蛮乖的,这天下午放学,我有意让他帮忙搬作业到办公室,他放下作业刚想离开,我叫住了他:"小淇,跟老师一起听听歌聊聊天吧!"我边说边递给小淇一瓶水。在轻松的音乐中,他慢慢地放松了。我继续说道:"小淇,咱们虽然只接触了一天,但老师对你印象不错,看你的长相,你是个诚实善良的人。听你讲话,你是个很有礼貌的孩子。老师说得对吗?"小淇点点头笑着说:"老师,您会算命吗?说得很准哦!"我接着聊:"小淇,老师说了你两个优点,还有很多不知道的呢!你说说看,老师很愿意听。"小淇觉得自己懂事、孝顺、爱看书、讲义气。我又问:"小淇,那你觉得自己的缺点是什么?"他声音变小了,说自己写作业慢,讨厌学语文,上课有时还会讲话。我拉着他的小手:"小淇,能看到自己的长处与不足,老师欣赏你。你刚到一个新环境,一切都陌生,但一切也可以重新开始,老师会与你一起很快熟悉新环境,更想与你一起努力,改正缺点,爱上学习,变得更优秀!新的起航就要开始,我们先来个'签约仪式'怎样?"小淇好奇地看着我:"怎么签,老师?"我拉着他的手:"来,拉钩钩,一百年,不许变,还要盖章呢。"我们在彼此的大拇指上重重地盖上"章"。看到我的态度,他保证自己一定努力。接下来的两周小淇表现不错,上课基本能坐好,有时还举手发言,作业虽然马虎,但都能完成,我也经常辅导他,进步可圈可点。

接下来几周,我发现他的小尾巴露出来了,控制不住自己课上讲话,在语文课上打瞌睡,做事总拖拉。比如测验时,要交卷了,他还没动笔写作文;打扫公共卫生,其他同学把地扫干净了,他才姗姗来迟;放学后,我们班的队伍都走出教室了,他还在教室收拾书包……更过分的是每天晚上,一个小时完成的作业,他要写到夜里十一二点,成绩自然提不上不来。因为经常迟到,我们班被扣了好多分,同学们对他都很有意见。

"小淇，知道老师的良苦用心吗？你就不能来早些？怎么这么不懂事？怎么看你都不像属龙的，你应该属虫。"我又急又气，看到他不争气的模样，甚至隐隐有打回原形的趋势。当初的签约渐渐失效，当初的信誓旦旦随风而去，我控制不住吼他骂他甚至吓唬他，他低着头任由我批评，怯怯地说："改，老师我改。"然后再神情沮丧地回到教室里。

　　唉，嘴上说改，行动照旧。"治"不好他，怎么办？我如何教育才能改变他呢？这天放学我让他来办公室补作业，当时我煮了红薯，"小淇，肚子饿了吧？你看，在家不写，这不，要饿着肚子补作业了吧？"他不好意思地笑了。"梁老师怎么舍得你饿着，来先吃块红薯再写。""谢谢老师！"小淇接过红薯，吃一半留一半，我纳闷："小淇，你不喜欢吃吗？""老师，我喜欢吃，但我奶奶更喜欢吃，这一半带回去给奶奶。"这是我遇见第一个如此孝顺的孩子，肚子再饿都能忍受，但孝顺奶奶不能耽搁，有好吃的都想到奶奶。这不就是最可爱的人吗？这不就是坚持吗？

　　我不禁想起故事《蜗牛带我去散步》，小淇不就是那只蜗牛吗？他在带我走向美丽的风景呢！小淇改变了我的心态和方法，我应该放慢脚步，多去理解小淇，多一份关怀。在众多教育教学理论中，我更喜欢孔子的教育思想"教学相长"。孩子在教育过程中，他们身上也有美好的东西吸引着我们，促进着我们的发展。的确，教育是慢生活，不妨放慢脚步，给孩子留多一点时间，这其中成就的又何止是孩子？更是对教师耐心的磨炼，爱心的考验。

　　对他继续着走心教育。我握住他的小手："小淇，奶奶有你这孝顺孙子真是幸福，老师好喜欢你。让我们小淇的学习和孝顺一样优秀，好吗？"小淇也握紧了我的手："老师这么喜欢我，爱我，我一定要好好努力。"我们开始约定，小淇说："老师，我不想您批评我，如果上课我走神了或讲话，您用眼神盯盯我，或是到我身旁掐掐我，好吗？""好，老师也有建议，如果你表现不好就要吹首葫芦丝曲子给老师听。"我们一拍即合，我也和他的家长聊了我们的约定并请家长积极配合。每节课上，我和小淇用眼神交流，这种方式特别保护他的自尊心，小淇很喜欢，他每天都在变化着。"好样的，你的字已经比以前工整多了！""你的想象力很丰富，这篇作文，你写得实在是太精彩了！""你的潜力还很大，努力的背后是成功。""你的进步给老师带来了快乐，再加把劲，我相信下次你会有更大的进步！""学习永远不迟，在挫折面前低了头，就等于在战场放下了武器。""你的想法，我都没想到，真棒！"孩子实实在在感觉到了老师对他满怀期待的内心世界。为了他有更大进步，我给他调换了位置，安排学习助手帮他，一有小小进步，我就大大表扬，他慢慢在变化着……三个月过去了，小淇不但学习上进步了，吹葫芦丝也更用心了，我们一看彼此的眼神就懂，达到神同步。所以就有了在学校艺术节表演中，我在远远的人群中竖起大拇指，他竟然神奇地看到了几千人中的我，并幸福自信地向我点点头，我心头热乎乎的，我知道了我在这孩子心中的位置，看着变成了"男神"的他，我笑了。

有人说："幸福就像一只蝴蝶，在被人追求时总是无法捕捉到。如果你安静下来，它可能栖息在你的身上。"这不就是教育的精神核心所在吗？确实，当我们停下脚步，调整好心态，静下心来倾听孩子的声音，遵循孩子的自然成长规律，就能唤醒孩子的潜能，唤起孩子对真善美的敏感，我们就能感受到孩子生命的美好和纯真，就能真正闻到花香，听见鸟叫虫鸣，看到满天璀璨的星斗！

教育叙事二：

借借孩子的力，合合家长的力

湛江经济技术开发区第四小学　何秀英

多年的班主任工作使我在学习和实践中不断提升自我觉悟，并能不断地更新教育意识，根据学生的年龄特征和性格特点，采用适合学生的教育方法，在班级管理方面取得了一定的成效。下面谈谈我的一个教育叙事。

新学期学校安排我班的卫生工作是负责打扫四楼的厕所。领到任务后我马上制定值日安排表，在班中宣布"厕所打扫以小组包干的形式，务必做到快速、干净、无异味……"我干脆利落地布置完任务就开始上课了。

下午，我发现孩子们拿着扫把只扫厕所门口，我快速拿起水桶和扫把就冲进厕所打扫，值日生见状，也非常不情愿地跟着我一起打扫。很快我们就把厕所打扫干净了！回到教室不久，广播里就传来喜讯：学校值日行政小结各班的卫生区打扫情况，表扬我们三（8）班所负责的洗手间，特别干净。我得意地笑了，心想：我的值日安排得真是妙啊！第一天就被表扬了！我沾沾自喜地为自己点赞。就这样，一周下来我每天都早早到校带领值日生在厕所里快乐地劳动。由于卫生区检查分数较高，我们那周还获得了流动红旗。

第二周我出差学习，当我回校到四楼时，就闻到了一股臭味，哎呀！这臭味正是从我们班负责的厕所里传出来的！我立刻奔向教室里，黑青着脸，对着劳动委员就是一顿河东狮吼："小智！为什么不按规定组织同学们打扫厕所？看来是把老师的话当耳边风了！现在马上带你们小组去打扫！"这把原本见到我满脸堆笑正想向我热情打招呼的孩子们怔住了，他们脸上戏剧性的变化让我看得那么真切，我知道，孩子们一周没有见我，早已经盼星星盼月亮地盼我回来。要是换作以往他们早就扑进我的怀里了。可今天，这个画风转变把他们都怔住了。只见值日小组慢吞吞地起身去拿打扫工具，还夹杂小智的一声嘟囔："您又不在，没有人替我们把厕所冲干净，厕所那么臭……"哎，这群不让我省心的孩子，我嘴里念叨着，拿起水桶就冲进厕所……

下午，我坐在办公室，脑海里回响起小智早上那声嘟囔。也是啊！每次都是我一马当先把厕所冲干净了，值日生们才去打扫的，"小组包干"变成了"老师包干"，总这样下去不行呀！正当我想着如何解决这个问题的时候，电话响起来了："老师，我是小智妈妈，家里的家务活都是我干的，您却让我的孩子扫厕所，他肯定不会啊，您要批评就批评我，孩子那么小，您干吗批评他！"是呀，现在的孩子哪个不是父母的金疙瘩，家务事不会做，更别说让他们打扫厕所了。正是这突如其来的当头一棒，提醒了我，一个班级在班主任爱的包干下，能真正地发挥孩子们的主动性吗？不能。我要放手，让孩子们去经历！"唤醒潜能，才能唤起对真善美的敏感"这个理念提醒着我，班主任在管理班级中是需要积极发挥孩子们的潜在能力，只要发挥出来了，那么我们的班级管理工作就会事半功倍。

接着，我召开了班会，全班讨论通过了"以演代戒"的规定，哪个小组没有认真完成值日工作，就要表演一个葫芦丝合奏节目，同学们还推荐让小智当劳动委员。因为是同学们制定的规则，这下他们积极起来了。小智拎起水桶走进厕所，不一会儿工夫就拎着空桶出来了，满脸笑容地冲大家喊："这一点臭算什么，你怕臭还不上厕所啦！不做好，不仅要重扫，还要演葫芦丝合奏呢。"小智的这个举动应该就是动力，他是一个有号召力的孩子，在他的带动下其他同学都不好意思偷懒了，打扫厕所的热情高涨。孩子们由之前捏着鼻子进进出出打扫，变为打扫时还能相互提醒和谈笑风生！

我每天都把孩子们展现劳动美的画面制作成美篇分享到班级群里，家长们纷纷点赞，并且献计献策，教自己的孩子打扫的小诀窍，还带来清新剂放在厕所中除味。接下来的厕所卫生打扫，他们完成得既快又好，常常得到表扬！同时，那些任务完成不好的小组表演葫芦丝合奏，也是练习吹整齐才上阵，"以演代戒"的规定让孩子们对葫芦丝演奏更有兴趣了，在学校举行的葫芦丝比赛中，我们班的葫芦丝合奏还赢得了一等奖。

以往的班级管理工作中，每每遇到问题我总是亲力亲为，却忘了在教育的路上，我们并不孤单，我们可以借借孩子的力，合合家长的力。班主任的使命是一个和学生共同成长的过程，太阳每天都是新的，时代的日新月异就是我们面临的新挑战。世界在变，唯变不变！我不能懈怠，不能放松，一定要鞭策自己，努力跑在学生前头引导学生，因为这是作为班主任应有的责任！

教育叙事三：

"大神"，我们一起长大

湛江经济技术开发区第四小学　梁思敏

"谢谢您，多次教育我的老师！"看着卡片上的这句话，我的眼睛里噙着泪珠，这是幸福的眼泪……有人说，教师是春蚕，劳作到死吐丝方尽；也有人说，教师是蜡烛，燃烧自己照亮别人。但我觉得，教师和学生是相互依赖、共同成长的伙伴。我眼里的泪珠，不仅仅是学生的进步，也是我自己的成长。

初为人师,班主任工作对我来说处处是挑战。我刚接手的班级有个难管的学生叫小赫,说他难管,一点不为过。在班里为所欲为,上课不听,不是看漫画书,就是画画。这还算是安静的了,如果有人激怒他的话,他先是大打出手再大吵大闹,那节课就没法上了。科任教师天天向我投诉,而且他不讲卫生,随地吐痰,座位从来就没有干净过,所有同学都避他远远的。听说他从一年级起就喜欢欺负班里的小雷同学,害得小雷拎着水杯到处躲。办公室的老师们都说,我一入行便遇"大神"!束手无措的我只能每天祈祷他不要情绪化,将他的位置调到角落里,尽量减少对别的同学的影响,只要他不闹事,我绝对不招惹他。

就这么相安无事地过了一周,我以为我的冷处理让他得到了教训,当我暗自欣喜的时候,这天音乐课上,他与小雷大打出手了,最终小雷的家长向学校提出转班才得以解决。打架事件后我联系小赫家长才得知,原来小赫是留守儿童。想起我对他的冷处理,心里很不是滋味。美国教育心理学家波斯纳说过,没有反思的经验是狭隘的经验,至多只能是肤浅的知识。他提出了教师成长的公式:经验+反思=成长。我意识到,我的逃避解决不了问题,反思过后,我决定挑战"大神"!

亲其师信其道,我开始向他靠近。课间我一有时间就要守着他,我总摸着他的头说:"小赫,乖,别惹事哈!"还在每天放学时给他写张小纸条:"小赫,今天有进步了!""小赫,今天座位很干净哦!"渐渐地,他由最初的敌视、远离我,到后来他会在每天放学也回我一张纸条:"老师,我今天没有打人。""老师,我今天上课没有看漫画。"我将他的小纸条都装到了一个漂亮的盒子里,摆在办公桌最显眼的位置。我注意到他每天经过办公室都会看看那个盒子。你可别小看这些小纸条,这可经历了一年的磨合期呢!

教育,是静待花开的耐心,是慢的艺术。我校"开放觉民"的教育思想告诉我,师生之间的开放是包容与接纳,这让我意识到,教育的魅力在于激励与唤醒。经过一年的磨合,我发现小赫在上美术课的时候是最认真的。在第二年家长会准备工作时,我递给他一张纸条:"小赫,为家长会画幅画吧！"他画了，还画得可好了，我将画粘贴在教室最醒目的位置！这令他欣喜若狂，跑来拉着我的胳膊开心地说："老师，您怎么知道我喜欢画画，谢谢您，谢谢老师！"看着他的笑容，我知道他开始接纳我了。校园绘画比赛时我鼓励他参加，他最终获得了二等奖。

看着在台上领奖的小赫，想起一开始对他冷漠、逃避甚至感到厌烦的我。没有沟通与理解，他紧闭心灵的大门，紧张的师生关系，导致了失败的教育。我送给小赫一本有锁的笔记本作为奖品，并附上了一张小纸条："小赫，恭喜你！这是一本秘密本，密码是你领奖的日期，我想成为你的朋友，期待你在这个本上分享自己的喜怒哀乐！"

隔天，秘密本就放在我的桌面上："老师，我想我爸妈能来开家长会，能看到我的画。我很想拿奖状和他们分享。我很想他们能像您一样摸着我的头。我想他们能早点回来。"原来留守儿童的他、招同学厌恶的他，有那么多感情无处诉说。庆幸，我没有错过密码本里的他！

"谢谢您，多次教育我的老师！"这是教师节那天，小赫夹在秘密本内的一张卡片，落款处还画了颗爱心。沟通的情感如同肥沃的土壤，小赫在这土壤里发芽、茁壮了！原来教育是有温度的，是开放、包容、热情的，愿我的孩子们都能从这片土壤走向成功，走向卓越。

我向"大神"挑战成功了！大神，也和我一同成长了！

（二）教师成长叙事

教师成长叙事一：

千里之行，始于足下——明理教育引领我成长
湛江经济技术开发区第四小学　季梦怡

年岁更迭，皆言"辞旧迎新"，可是在教育行业，却不是越新越好。我作为一名只有一年教龄的新老师，更是感触甚深。犹记得初登讲台的那天，我的心情经历了从满怀跃跃欲试的激动，到课上手忙脚乱的无措，再到课

下精疲力竭的沮丧，这样的体验，狠狠地敲醒了我，纵然已经结束了学生时代，可是我必须要继续学，但找谁学？学什么？怎么学呢？就在这时，我遇到了职业生涯的第一位导师，那便是我们学校的林文智校长。古人有云："世有伯乐，然后有千里马。千里马常有，而伯乐不常有。"我不敢自诩为千里马，但是林文智校长却给予了我很多鼓励，更激发了我很大的信心！不仅是语言的力量，林校长还从方方面面挖掘新教师的潜力，跟随他的步伐，我在短时间内获得了极大的成长。

开学以来，林校长就非常重视"新教师思想启蒙－教师基本功培养－团队协作"这三个方面，新教师的思想启蒙关乎学校能否上下一心地开展学校相关工作，因此林校长开展了一系列的讲座，内容横跨教育理论、政策解读、教师成长规划乃至学校未来发展道路等，保证了学校同心同力的建立基础。而教师基本功的培养则决定了学校教学质量和学生的发展水平，由此，学校领导倡导所有教师每日练习粉笔字书写、临摹字帖以及定期开展读书心得交流活动，保证了学校教师能不断激活自身学习动力，与时俱进，从而更好地完成教学工作。最后是团队协作，这点可以说是整个学校的灵魂所在，一个学校，不同岗位、不同科目，甚至很多老师来自五湖四海，大家相聚在一起为一个学校几百名学生的教育负责，未来负责，如果没有良好的团队合作，根本没办法完成这个任务。然而，林校长撑起了整个学校沟通的桥梁，他不仅在节假日前策划了好几场教职员工的比赛活动，让同事们在娱乐中加强了彼此的沟通和联络，还组织不同科目的老师相互听课，课后共同讨论，提出批评建议，让新老教师在一次次的交流中碰撞出新的火花，正是种种举措，让我不断进步。在统一的领导下，林校长还有其他几位领导也会根据每个教师的特点进行针对性的培养，令我印象最深的还是以下几件事：

1. 策之以其道——师徒结对

林校长在开学初期，就早早考虑到我们新教师的迷茫和需求，于是就有了"师徒结对"活动，他动员了学校里优秀且具有相当教学资历的教师，通过一对一结对的方式来帮助我们新教师，为我们答疑解惑。我的师父是学校的德育处主任何秀英老师,她同时也是一名优秀的语文教师。通过师徒互听课,我明白了如何掌控课堂,如何有效教学。师徒结对不仅让我迅速成长,也极大提升了学校老师之间的沟通频率和感情。随着时间的推移,不论新老教师,大家通过这个媒介打成一片,有了深厚的感情。

2. 食之以其材——送教下乡

在第一个学期即将结束时,林校长突然交给我一份重要的工作,去乡村学校上一节公开课,我十分忐忑,因为那段时间,我沉浸在教学工作有师父教导,课下工作有同事互助的和谐氛围里,生活充实而平静。而送教下乡不仅要面对陌生的学生,还要面对一群不同学校的校长上课,这样的场面很是考验我的心理承受能力和教学能力,但是林校长充满信任的眼神给了我很大的动力,尤其是他对我说,新老师只在学校里学是不够的,要去更广阔的舞台展示自己才能获得成长。于是,我开始利用课下除了休息所有可利用的时间去备课、磨课,而林校长和学校教导处梁春梅主任一直陪伴在我身边,提出各种宝贵的意见,最终,顺利完成了这个任务,而我自从经历了这个过程,也的确获得了阶梯式的提升。

3. 鸣之通其意——小故事,大道理

林校长一直强调,新老师的培养不仅是教学方面,教师自身全方位的发展也很重要。于是他每周安排两位班主任老师在国旗下讲话,并以"小故事学习大道理"为中心主旨,让班主任老师在全校师生面前展现自己的语言表达能力,同时锻炼在大场合下自信演讲的能力。在我表演的那一周,我精心准备了《如何装满一间屋子》,看着学生们专注的眼神和跃跃欲试想举手发言的模样,我获得了极大的成就感。

如今,我已经顺利度过了教师的第一个年头,收获了很多,也成长了很多。从林校长身上,我不仅学到了优秀的专业知识,锻炼了自身能力,更从每次遇到林校长,他微笑的脸庞和亲切的话语中学会了很多为人的道理。在他的领导下,期末我不仅获得了学校优秀班主任称号,而且我管理的班级也屡屡摘得优秀明理班级星级牌。除此以外,林校长还组织包括我在内的年轻老师参与课题立项等论文写作工作,极大地锻炼了我们的理论研究能力，拓展了教学思维探索的视野，相信在林校长的带领下，我会继续成长，不断向成为一名优秀的教师的目标迈进！

教师成长叙事二：

我的成长之路——明理教育引领我成长

湛江经济技术开发区第四小学　李典

我在湛江经济技术开发区第四小学工作已有一个年头了，这一年既短暂又漫长，这里边既有领导的关心、同事的帮助，也有自己的艰辛努力。回顾自己走过的教学之路，欢乐与辛酸同行，收获与遗憾同在。

在我的成长道路上，林校长的"明理教育"引领和激励着我。我取得的成绩，离不开他耐心的指导和真情的帮助。在心态方面，刚接任一年级语文教师和班主任双重角色的我会时常感到有些压力，这时林校长看出我的紧张，便在交流时给予对我能力的相信并指引我找到明确的工作方向。在教学方面，我承担的公开课《小池》一课，在林文智校长和梁春梅主任的指导下，获得了校级优秀公开课。殊不知在正式上课前是林校长和梁春梅主任陪着我不断地磨课。面对第一次上古诗类的公开课，我不知该从哪些方面展开教学内容，如何运用多技术融合实现教学效果最大化。林校长和梁主任知道了我的困惑，提供了很多资料供我参考，同时在试课后帮我分析课堂中出现的问题，指导我在语文课中如何落实明理教育"生疑—绽思—活用"进阶教学的模式建构，在班级管理中，如何实行无为而治。我所任教的一（1）班连续一年获得校级班级文化评比一等奖。此外学校也十分重视青年教师的比赛，积极支持并主动推荐我参加各类大赛，于是在林校长和何主任的推荐下，我参加了2022年广东省第十一届师德主题征文比赛，获得了省级二等奖和湛江市一等奖。我指导学生参加2021年第七届广东省中小学生"寒假读一本好书"活动评选，获得优秀指导教师称号。

林校长的"明理教育"引领我成长，在满满的一年中参加了一系列丰富多彩的培训学习。在开学初，林校长为新青年教师进行了师德师风学习培训，还不断更新具有四小特色的"明理教育"理念并向老师们传授。此外，我在参加学校组织的"党员先锋岗教研活动"、形式多样化的主题教育活动中，深刻意识到在学校工作中要充分发挥"战斗堡垒"和"先锋模范"作用，才能不断推进自己学习与进步。通过"师徒结对"活动，让我感受到梁春梅师傅对教学工作的无限热爱与强烈的责任心。正是这些不断超越自己的先锋前辈们在引领着我们新青年教师，提醒着我们要在热爱的教学工作中做个有心人，及时反思教学，不断提高自己的业务水平。作为一名教师，我们除了反思教学，还可以反思为人处世，反思一切可以反思的东西。同时，要边反思，边记录，用键盘留下文字，为研究自己的教育教学提供鲜活的案例。学海无涯，艺无止境。自己的教育生活就是一种学术行为，自己的一言一行都应不断反思，这应该成为自己需要时时温习的功课。

第三节　明理家长——在携手中进步

一、家长与学生

学生的成长离不开学校的教育，但同样也离不开家庭的培养，只有在学校和家庭的共同参与下，学生才能够在各方面均衡发展。首先，对于学生的课程学习而言，学生固然在课程教育中占有重要的地位，但是家庭的力量也不容忽视。学生在校期间，教师引领学生学习，学生离校期间，家长监督学生学习，如此一来，学生的学习情况必然会更好。其次，对于学生的德育而言，学校在教育教学中应该渗透德育内容，但是若只有学校教育，德育效果就会受到一定限制。父母的思想是孩子的土壤，学生的道德思想会受到家庭潜移默化的影响，家长应该在日常生活中以身作则，重视学生的德育，经过家校共同重视，学生的德育效果自然会好。最后，对于学生的体、美、劳而言，也是同样的道理。学校重视学生体育、劳动以及美学教育，家长充分认识并积极配合，学生必然会实现全面均衡的发展。

我们可以借由孩子的眼光去重新看待这个世界，让孩子有更多的好奇去探索对一件事情的看法、一样东西的用处，甚至一朵花开的样子。

1.在平时的生活中，小心呵护孩子的好奇心。

孩子只有有了希望，才会有成长的目标，也才能在他的人生经历中再去学习后面的功课，而不是总是认为自己的未来什么都不可能。

2.跟孩子对话时，多问几句："为什么？"也许你会得到与你预想完全不同的答案。

孩子的世界单纯无比，别用我们成人的想法去"换位思考"。

3.如果可以的话，建议你可以陪孩子去看看这个世界。

在这个看世界的过程中，我们允许孩子以他自己的眼光来看，而不急着说出自己的想法，也许他的视角会给你带来无限的惊奇。我们能陪着孩子走得足够远，孩子才有力量走得更远。

4.教会孩子尊重老师，一起参与孩子学习的世界。

一位家长在家庭教育中发出这样的思考：

生日，顾名思义，就是一个人出生的那个日子。我们中国人更多是记农历的日子。

近日，我就要过生日了，打算回到乡下跟老母亲一起过。所以，提前告诉读四年级的小儿子。这孩子听后，满嘴是"生日蛋糕"和"生日快乐"。我跟他讲，生日是一个人出生的日子，值得纪念，可以有蛋糕，也可以没有。但是，要记得感恩母亲，因为自己的生日、自己的出生，就是自己母亲蒙难生产出自己的日子。因此，必须铭记母亲的恩情，没有母亲，就没有我们。中国古人讲究"人之发肤受之父母"的恩情。可是，这孩子都读四年级了，对我讲的生日需要感念母亲之恩很不以为意，还辩驳，"哪有生日感恩母亲的呀""人家都是说生日快乐，吃生日蛋糕的""不信你问问老师"——真是令人哭笑不得。

这不得不使我好好反思。反思自己在家教中，是否正确全面地引导过自己孩子这些人生问题？反思现在的学校教育，老师们是否全面引导教育过孩子这一人生问题？如果教室里只有某某同学带来了生日蛋糕和大堆的美食，庆祝自己生日，并与同学、老师分享美食，老师和孩子们，也只有生日快乐、开心，显然是远远不够的。在家里庆祝生日也一样。始终没有提及和引导孩子认识生日跟母亲的恩情是密不可分的，这样是不行的。中国的教育绝对不可以缺席中国传统文化，这自然包括中国人的生活习俗文化。中国的传统文化，是中国人的基因，是中国人的根，必须传承！

老师和父母的关系是相辅相成的，父母是孩子认识世界的第一步，而老师在孩子学习与成长过程中起到的教育作用不可忽视。父母和老师都应该积极参与到孩子学习的世界中，一起成长。

二、家长与教师

家校合作中，教师应该明确自身的定位，只有这样，才能够协调好家长、学生以及学校之间的关系。一方面，教师是合作教育的组织者，要实现家校合作，必然要发挥教师的纽带作用。合作教育必然会涉及众多的家校活动，这些活动就需要教师去组织协调，比如家长会的活动，教师在活动中需要联系家长，组织家长积极参与，并与家长进行有效交流。此外，还会有家访的活动，教师同样需要组织活动，并落实相关工作。另一方面，教师也是教育的重要参与者，没有不好的孩子只有不好的教育，教师在教学中应该重视每一位学生，激发学生的潜能，唤醒梦想和自信，使学生能够积极地对待学习。同时，教师还需要做好沟通工作，经常与学生沟通，了解学生的想法，与家长沟通，让家长重视学生的教育，了解学生在校的情况。

1.老师是教育者，不是保姆

"孩子我交给您了，您就该说说，该骂骂，我们都交给您了。"这句话是家长最爱说的，但是老师却往往不爱听。这句话看似是客套，但是话语中更有点推卸责任的意思。教师关心学生不等同于"母爱"，希望教师把学生当作自己的孩子，是对教育的误解。

2.信任老师，处理问题要通情达理

如果孩子说了学校发生的什么事，让家长很在意，拜访老师弄清状况时可以说："我想让您知道，我的孩子说在您的课堂上发生了一些事，因为我知道孩子会把事情夸大,任何故事总是另有隐情,希望您能给我一点头绪。"

在所有事情当中重要的一点是:绝对别在你们的孩子面前说老师的不是。如果孩子摸清楚了你们并不尊重老师,他们也会不尊重老师。而这一点绝对会让日后的麻烦层出不穷。

3. 请善待对孩子严格的老师

亲其师信其道,请理解与善待每一位老师,尤其是对孩子严格的老师。他们顶着风险去管教,不辞劳苦地鞭策,付出的时间与心血难以估量,值得我们的理解与尊重。

4. 请尽力配合好老师的工作

关注孩子的学习,积极参加家长会,主动与教师沟通,支持学校的工作。这样既可以了解孩子在学校的表现,又可以和老师有更多的沟通机会,给孩子更好的教育。

因此,教育教学不仅需要学校努力,也需要家长参与,要使家长在教育中发挥应有的作用。

班主任家校沟通工作心得

湛江经开区四小三(4)班　梁养丽

有人说,家长与老师配合得越好,孩子的教育就越成功!的确如此,要想获得1+1>2的效果,唯有家校合作!那么,如何让家长更好地配合老师的工作呢?在摸索中,我有如下做法:

一、推销自己,让家长"信其道,肯配合"。在接手一个新班召开第一次家长会时,我会将自己推销出去,适当介绍一些自己的情况。例如工作经历,在教学、班主任管理等方面取得的成绩。这些都是老师工作能力的佐证,让家长知道老师在教学、班级管理上有一定的经验和水平,让家长从心里觉得这个老师优秀、可信。家长们总是愿意信任有经验有水平的老师,而信任是支持配合工作的前提和基础,此时的信任,为日后的配合工作打下了很好的基础。

二、守好原则，守好底线。因为它是个人素质的一种体现。"学高为师，身正为范"，一个老师不仅要有丰富的专业知识，更要有高尚的个人品德。这个老师工作认真吗？处理学生问题公正吗？对孩子有没有爱心和耐心？这些都影响老师在家长群体里的形象，而这个形象的好坏直接影响家长对老师工作的配合程度。所以我们一定要守好原则，守好底线，做一个让家长"尊重"的好老师。

三、尊重家长。尊重是沟通的前提，家长的职业、层次、观念各不相同，所以对老师工作的配合也不尽相同。这就需要我们在与家长沟通前给予他们充分的尊重，特别是对所谓的"差生""不听话学生"的家长，更应以尊重为前提，这样他们才会有配合老师工作的信心和欲望。

四、明确家校合作的目的。表明立场——同盟军。一定要在第一次见面就向家长强调：我们目标一致，我们互为臂膀，我们只有彼此信任，互相配合，才能形成强大的教育合力，助力孩子成长、成才。合作需协调，让家长配合老师的工作，需要老师向家长讲清需要配合什么，怎么配合。如果家长不清楚活动的性质或需要配合的工作，那么他们会心有余而力不足。所以，老师一定要与家长提前沟通好、协调好，让家长对自己将要配合的工作有个清晰的认识。

五、借助学生的力量。可以将需要家长配合的工作提前告知学生，通过大手拉小手，带动家长支持并配合老师的工作。

总之，老师与家长是"同志"关系，如想让家长更好地配合老师的工作，就要以尊重为前提，用良好的沟通护航，如此，才能到达理想的合作彼岸。

二、家校合作

（一）家长如何进行家校合作

明确家长的定位。首先，家长应该是教育的合作者，学校开展教育工作的时候，家长应该做好相应的配合工作，积极与学校交流学生的情况。如果发现学校教育存在不足，家长应该给出建议，帮助学校完善教育教学，而不是一味地指责学校。其次，家长应该是学生教育路上的鼓励者和陪伴者。学生的思想和智力都处于成长阶段，在这个时候，学生学习吃力，对于学习没有足够的重视也都是有可能的。当学生学习表现不好的时候，家长应该明白挑刺全是刺，赞美全是美的道理，站在学生的角度去想问题，帮助学生找到学习中的困难所在，而不是一味批评指责。

凝聚家校合力　共育明理之花
——湛江经开区第四小学第一届家长委员会成立大会

"金秋已至，硕果飘香。四小校园，桃李芬芳。"

为助力学校工作顺利开展，促成家校合作稳步进行，创设优质身心成长环境，2021年10月19日晚，湛江经济技术开发区第四小学召开首届家长委员会会议，学校全体领导班子、校级家委会成员以及一至三年级班主任和各班家委会主任参加会议。

议程一：成立家委，颁发聘书

会议由梁春梅主任主持，她介绍了参会领导并宣读了校级家委会成员名单。在热烈的掌声中，林文智校长同张妙龄导师亲切地为各位委员颁发聘书并合影留念，全体班主任、班级家委以及各位行政领导用闪光灯记录下了这历史性的一刻，这是里程碑的起点，也是学生成长进步的基石。

议程二：精读章程，携手共进

"博学而审问，慎思而笃行。"而后，何秀英主任详细地解读了家长委员会章程，明确了各位委员所需行使的职责、权利和义务，让委员们感受到成立家长委员会的深远意义，同时对家长委员会做好学生与学校之间最关键的一环，起到榜样和纽带的积极作用提出了殷切希望。

议程三：明理之路，砥砺前行

第三项议程是林文智校长向参会家长介绍了学校的办学理念、教育教学管理、学校发展等情况。坚持"明理教育，厚泽人生"的办学理念，以

"博学高雅，坚毅聪慧"为育人目标，校训是"明理笃行，弘毅致远"，以实施"质量立校、科研强校、文化润校"为发展战略，并提出几点建议与委员们共勉：一、真诚沟通；二、善于协调；三、帮助支持；四、做好表率。林校长真挚的言语拉近了家长和学校的距离，有效地促进了家校的沟通与合作，对完善学校、家庭、社会三位一体的教育体系，增强教育的合力，促进学生的全面发展具有重大意义，林校长的发言赢得了委员们的热烈掌声。

议程四：真诚沟通，从心开始

在林校长鼓舞人心的讲话过后，作为首届校级家委会主任，陈军同志代表全体委员发言。他表示对于如此难得的机会，心中备感珍惜，在"明理教育，厚泽人生"办学理念的熏陶下，他对孩子们能够接受优质的教育，学校能够成为湛江市一流的示范性窗口学校感到信心十足。对于学校的发展和孩子们的成长，陈军同志愿意携手家长们积极履行自身职责，努力配合学校工作的全面开展，并就今后家委会工作提出了几点建议：一是增强家校沟通与交流，相互理解；二是增强家校合作与支持，提升协作质量；三是增强自身素质和修养，发挥表率作用。陈军同志的发言得到了家委们的一致赞同。

议程五：导师之语，指路明灯

为使本次会议开展得更加科学有效，学校特别邀请了岭南师范学院张妙龄导师作为现场嘉宾，以《好家长成就好孩子》为题，给家长们上了别开生面的一课。课程内容从熟悉孩子的身心特点、怎样和学校正确相处、对待孩子的正确态度三个方面切入，通过形象鲜活的事例，同各位家长交流如何培养孩子的良好品行，并对家委会工作给出了指导性建议。她还指出，尽管老师也尽可能把学生当成自己的孩子，但孩子在身体素质、智力水平、性格爱好、将来发展方向等诸多方面都打上了家庭的烙印，这些往往是老师无法改变或者是短时间内很难改变的。所以家长应该是教育的主导者，至少是同盟者，绝不能是旁观者。聆听了张妙龄导师的精彩授课，不仅是家长，在座的老师们也纷纷表示受益良多。

在主持人的结束语中，湛江经开区第四小学第一届家长委员会圆满落幕，这一切离不开家长与学校的通力合作，有效落实了家长委员会章程中的各项制度，充分体现了加强家校联系，遇事群策群力，构建和谐家校关系的重要性。

家长可以参与家委会对学校工作进行了解、理解和监督，以此参与到家校合作中。还可以参与学校教育讲座，认识到家校共同参与教育的重要性，从而自觉配合学校教育工作，知道在知识学习方面应该怎样配合学校教育。

（二）家长需要配合学校的工作

家长是教师的帮手，是孩子的陪伴者。家长要经常提醒孩子，明确学生就是有工作和任务的。习惯的养成需要家长做到三个"一"。那就是："问一问""看一看""抓一抓"。一是"问一问"。孩子每天放学回家后都要问一问情况，诸如：今天上了什么课？学习了什么知识？今天班里发生了什么事？你们班今天谁受到了老师的表扬？你今天为班集体，为同学们做好事了吗？（关心集体和他人，注意观察，训练孩子的记忆、表达的能力）。二是"看一看"。看看孩子的情绪有没有变化；看看孩子的书包有没有装不该装的东西；看看孩子的作业完成情况。三是"抓一抓"。"双减"政策是指减轻中小学生作业负担和校外培训负担，而五项管理包括手机、睡眠、读物、作业、体质这五个方面。"双减"政策的实施就是确保小学一、二年级不布置家庭书面作业，不进行纸笔考试；小学三至六年级书面作业平均完成时间不超过60分钟。

家校合一，我们携手砥砺前行

三（5）班家委主任　邱丹

四小，虽然是一个新学校，但学校领导们领导有方，老师们兢兢业业无私奉献，让这个新生的地方充满书香和积极向上的氛围。

学校班级家委会，是搭起家校沟通、互动的桥梁和平台。交流共享，增进了解，凝聚力量，挖掘资源，提高家长在班级建设中的参与度，支持和促进学校的各项工作，实现学校家庭教育同步、老师和家长同心，共同为孩子们创造快乐健康的成长环境，共同营造勤奋、争先共进的学习氛围，是以此而建立起来的小团体。

三年来，作为家委会主任，在老师们的指导和班级家委成员的团结一致下，从万事开头难，到各位家长的理解配合，我投入了最大的热情，群策群力参与到班级工作中，各项工作都走向正轨。现将家委会这3年来的工作总结如下：

一、创新交流方式，打造沟通平台

为了便于老师与家长、家长与家长之间的交流、沟通和学习，家委会成员在老师、家长们的热心支持、配合下，及时组建了微信交流平台"三（5）班家校微信交流群"。家委会充分利用平台积极传达学校的各项任务和老师们的教学工作，加强了联系，促进了交流，增进了友谊。

二、明确职责分工，制订计划，有效开展工作

家委会以"一切为了孩子"为宗旨，确定了支持、沟通、促进、宣传、协助五项职能，成员间相互配合，共同做好家委会工作。为了使家委会的工作能高效有序地开展，协助老师做好班级工作，家委会经过集体商议并征求老师意见，对每个家委会成员都根据自身擅长的方面进行了工作安排。确保每次大小事件有步骤、有计划地进行，并获得了全班家长的信任。

三、创班级特色，减少家长麻烦，配合学校和老师做好班级活动

1.家委会找遍周边打印店，对比最实惠的一家，为孩子们印制班级格言、班训等材料，营造了严谨、积极、上进的班级文化。2.积极配合学校的工作，每次校门口志愿者值日，提前安排好每个时间段值班的家长，准时准点积极地完成任务。3.学校每次举行重大节日联欢会，三（5）班家委会和家长们都积极献策出力，帮孩子排练节目，化妆，为孩子提供礼品、零食，为孩子们提供各类演出服装和道具，布置会场等。让孩子们过了一个

又一个开心又有意义的节日。

当然,家委会的工作不止这些,一切关于孩子的,我们都积极参与。同样的,我们会继续集思广益,充分征求各位家长的意见,为孩子们做好服务工作,一切为了孩子。我们会继续齐心协力地配合学校和老师们,做家长和学校的桥梁,优质地完成工作,促进孩子全方面发展,不拖班级后腿。及时与家长交流沟通,及时将家长的意见反馈给学校,及时将老师的教导传达给各位家长,共同为孩子们创造良好的教育环境。比如有个家委,特别擅长沟通,她经常提醒家长们在孩子写作业的时候少玩手机,少开电视,增强孩子写作业的专注度,并督促家长们以身作则,在学生面前展现家长的良好素质,家长优秀,孩子优秀,父母与孩子共同成长。家长和孩子们都很听从他的建议。

四小,因为地段的原因,在学校大门外每次接送孩子时,经常交通拥堵、秩序混乱,好在领导们每次都能积极应对,迅速应变,很快恢复顺畅的道路,这是家长们眼见的付出,给领导们点赞!

每一个孩子的成长,都离不开家长,更离不开学校。学校,默默地给予学生知识、关怀和做人的道理。作为家长、作为家委,感谢学校和老师,以后我会更加努力,配合一切力所能及的事情,义不容辞地参与学校和班级的建设和活动,做学校和孩子们坚强的后勤保障和精神支持。家校合一,我们一起越来越好!

林文智校长在2022年秋季开学给经开区四小明理家长的建议中提到以下几点:

1.请您理解,作为孩子的父母,您要和老师一起共同承担教育孩子的职责。

无论您有多忙,无论您谋生是多么艰难,您都有义务、有责任把孩子安顿好,否则,您的打拼就失去了很大一部分意义。

2.请您做孩子的好榜样,您是什么样的人,您的孩子就是什么样的人。

您在家是喜欢打麻将、看手机,还是喜欢看书?您在饭桌上喜欢谈论别人的长短还是蔬菜价格?甚至您与朋友打电话的语气,都会对您的孩子产生影响。同时,希望您能言行垂范,能遵守交通规则,教育孩子乘坐电动车做到"一车一带,一头一盔"。希望您在校门口不扎堆、不拥堵,听从学校的安排和保安的指挥,言行有礼,争当明理家长。

3.请您注意,在孩子面前维护学校和老师的形象。

很简单,您不认可、不尊重老师,孩子就会失去对老师的信任,一旦孩子开始不喜欢、不信任自己的老师,他就不会喜欢这门学科,不会相信老师的教育,所以他的学业成绩、品德涵养等方面都将受到影响。

4.加强家校合作,请您抽出时间及时、经常与老师保持联系。

不要害怕与老师联系,也不要有任何顾虑,虽然老师不可能每时每刻回答您的问题,但老师都愿意与家长沟通孩子的在校情况。家长全面了解孩子在校的各种状况,孩子成长中的有些小问题就可以消灭在萌芽之中。

5.请您通过合适的渠道与恰当的方式表达您的建议和诉求。

尤其是在孩子遇到困难的时候,通过与老师有效地沟通,共同寻求解决问题的办法。不建议在没沟通、没搞清楚状况的情况下,就一时冲动,把事情闹得人人皆知,那样不但无助于解决问题,而且会使问题复杂化。毕竟我们的目标是一致的,都是为了孩子更好的发展。

6.请您理解和支持学校的教育教学举措。

教育不是学校一方的事,我们应该有公益的情怀。如在承担每一次的学校值日工作时按时到岗、认真负责,为孩子们的安全保驾护航。我希望我们能多一点理解,多一点支持,特别希望我们共同来营造或者共同去达成一种成长的基本价值观。也许您是行业精英,也许您对教育有自己的见解,但在教育孩子这个问题上,学校和老师有专业优势。我们不光希望得到您的理解和支持,还希望得到您的帮助。如果学校教育教学举措确实有不够恰当的地方,请您参考第5条建议。

7.请您明确,家长对学校办学行为能够行使的权力是有边界的。

这就像老师能够行使的权力有边界一样,比如学校老师不能干涉您的家庭生活习惯,不能参与您的家庭事务决策等。同样,学校也不希望您逾越这个边界,比如孩子的班级换老师了,采用哪一种教学方法等,这些都是边界。

8.请您能遵守学校的规章制度,减少校门口的拥堵现象。

学校门口候学区比较窄,请您接送孩子的时候,不要都涌到学校门口,接送孩子的车辆不要停在学校门口的正中央,您可以和孩子约定在一个地方,让孩子放学去找家长,时间长了对孩子也是一种锻炼。

(三)"双减"背景下的家校合作

有人说,"双减"政策落地,真正的拼父母的时代来了。这绝不是危言耸听,拼家长其实不在于学历高低、文化多寡,而在于责任担当。家长要做孩子终身学习的引领者,培养阅读能力,拓展提升思维;要做孩子精神成长的守护者,尊重和理解孩子,共同经历美好童年;做孩子习惯养成的示范者,从小时做起,从小事做起,成为优秀的自己;做孩子意志品质的塑造者,打好人生底色,为孩子幸福奠基;做孩子全面发展的助推者,运动强健体魄,兴趣浸润人生。最后,家长还要成为学校教育的支持者、配合者,作为家长,要善待对孩子严格的老师,尽力配合好教师的工作,主动承担起家校共育的责任。

"双减",减的是孩子的压力与负担,不减父母的责任,不减父母的担当。俗话说,父母是孩子的第一任老师,家庭是孩子最重要的学校。当外在教育资源变得有限的时候,一个孩子的成长,几乎就取决于父母的教育。所以,"双减"之后,家庭教育要及时"补位"。小学阶段,父母应该重点培养孩子独立生活、自觉学习、明白事理、专注做事、学会坚持、做事有计划、学习有方法、注重时间观念等习惯,这些都是我们明理教育关注的重点。

现在"双减"之后,孩子可以自由支配的时间多了,家长陪伴孩子的方式同过去也不一样了。家长可以陪孩子学习;陪孩子阅读;陪孩子运动;陪孩子劳动;陪孩子看电影;陪孩子逛书店;陪孩子参观博物馆;陪孩子走进大自然……教育孩子的差距不在于寒门与豪门之分,而在于父母是否把教育孩子当做自己最重要的事业。

"双减",不减家校的配合。教育学家苏霍姆林斯基说过,两个教育者——学校和家庭，不仅要一致行动，要向孩子提出同样的要求，而且要志同道合，抱着一致的信念，始终从同一原则出发，无论在教育的目的上、过程上，还是手段上，都不要发生分歧。教育孩子，老师离不开家长，家长也离不开老师。"双减"之下，家长与老师配合得越好，孩子的教育就越成功。真正拉开孩子差距的，不是智商，也不是补课，而是接受不一样的家庭教育，受到不一样的父母影响。

教育孩子，从来都是社会、学校和家庭的三位一体。老师承担学校教育的责任，家长承担家庭教育的责任，真正做到家校共育，受益的就是孩子。那么，在"双减"政策背景下，我们家长该怎么做呢？

1. 抓好家庭教育的质量

"双减"是为了给孩子减负，家长也不要太焦虑，急着给孩子增负。

不如从家庭本身抓起，为孩子营造更好的学习环境，和孩子一起摸索更好的学习方法。

利用周末，和孩子一起读书，培养孩子的阅读习惯，和孩子一起整理错题，做好查漏补缺。

2. 抓好孩子的学习习惯

一位教育专家说过，一、二年级成绩存在很大欺骗性，培养学习习惯才是最重要的。

从小养成良好习惯，孩子在学习上将表现得更有条理，更有方向，更高效率，更加优秀。

培养习惯要从小处抓起，家长要密切关注孩子的学习表现，帮助孩子改掉坏习惯，培养好习惯。

3. 抓好孩子的学习自觉

"双减"之后，孩子学习只能靠自觉了，但自觉不是天生的，需要父母严格约束。

家长要给孩子立规矩，明确在家应该如何学习，并且时时监督，严格约束，直到孩子养成自觉性。

更重要的是家长要以身作则，少玩手机，少看电视，多读书学习，主动提升自己，给孩子做好榜样。

4.抓好孩子的学习能力

一个被动赶场补课的孩子，学不会自主学习，也学不会合理安排时间。

家长应该抓住"双减"这个契机，培养孩子的自主学习能力，在课堂之外也能持续学习，高效学习。

从小培养孩子的学习力、专注力、耐挫力、适应力和思考力，孩子会表现得越来越优秀，在"双减"的同时实现真正的进步！

在"双减"的教育背景之下，家校共育显得更为迫切，同时也面临更严峻的挑战。不过教育具有永恒性和时代性的特点，家校共育之路虽漫漫其修远兮，但办法总是伴随问题而生，策略总会随困难而得出，我们需要做的就是不断地进行理论的更新和实践的探索，在不断地完善和改进中寻求教育利益的最大化，实现家校共育的共生共存，在我校明理教育理念的指导下，做明理老师，育明理少年，促明理家长，凝聚家校合力，共育明理之花。四小将会持之以恒，在广大师生家长的拼搏奉献中，谱写灿烂华章！